一人も見捨てない教育の実現

挑戦！ 四国四県からの発信！

菊池省三

堀井悠平　乾　孝治

渡瀬将基　牧野真雄

中村堂

はじめに

「一人も見捨てない」

この言葉は、平成26年度の「菊池学級」での価値語No．1でした。私の最後の学級です。ある女の子が口にし始めたのがきっかけでした。荒れた生活をしていた自分が、周りの友達から助けられた経験をもとに、学級内で崩れかける友達を今度は私が助けるんだ……、そんな気持ちから言い始めた言葉です。時が経つにつれて、教室の中に広がり定着していった言葉です。

平成24年に、NHK人気番組「プロフェッショナル　仕事の流儀」に出演させていただきました。私の人生の転機となった番組でした。自分の実践を多くの方に知っていただけた喜びと共に、私にとって、自分の半生を振り返るよい機会になったという思いが強く残りました。当時、それまでの30年間の教職生活の芯になっていたものを、見つめ直すことにもなったからです。その時に心の中に浮かんだ言葉に、

「一人も見捨てない」

という言葉がありました。この言葉は、その後、退職するまでの3年間で、ますます私の中で大きく強くなっていきました。私の33年間の教師人生の軸であったと思える価値語となっていったのです。

あの番組をきっかけに、全国の同じ志を持つ多くの方と知り合うことができました。「一人も見捨てない」教育を行うために、どんな授業がいいのか、どんな子どもとの接し方がいいのか、そのため

の学びはどうあるべきか……、日々、悩み苦しみ考え続けている方たちとの出会いです。その広がりは、学校関係者の枠をも越えて広がりました。

本書は、そのような全国の新しい教育を目指す動きの中から生まれたものです。「学校教育を否定する今の塾のあり方を否定します。『人間を育てる』という菊池先生の教育方針に賛同します」とおっしゃられた香川県の学習塾経営者、兼塾講師である渡瀬将基先生、「教育委員会と学校現場が対立する構図を無くしたい。共に『子どもと向き合いたい』のです」と常々お話しされる高知県いの町教育委員会の乾孝治先生、「菊池実践は、我々民間人にこそ必要です。新しい風を起こしましょう、そして一緒に戦いましょう」と垣根を越えて応援していただいている愛媛県の株式会社カイシン代表取締役の牧野真雄氏、「大学時代にあの番組を観ました。教師になり、『一人も見捨てない』実践をしようと決めました」と教職2年目の若さで夜を徹して語り続ける徳島県の堀井悠平先生、この四人の熱い思いから生まれたのです。

私のふるさとと四国からの、「新しい教育の息吹」を感じ取っていただけると幸せです。

菊池道場　道場長　菊池　省三

もくじ

一人も見捨てない教育の実現
挑戦！　四国四県からの発信！

第一章

菊池省三が
NHK「プロフェッショナル　仕事の流儀」の中で
「これからの『教育観』」の視点で語ったこと

以下に掲載している言葉は、２０１２年7月16日に放映された「プロフェッショナル　仕事の流儀『未来をつかむ、勝負の教室』」の中で、私が語ったことやナレーションで流れた中で、私の考える「教育観」が色濃く出ているものです。

２０１５年年6月7日に行った香川県高松市でのパネルディスカッションの前に、パネリストの方には番組ＤＶＤを再度視聴していただくと共に、これらの言葉に目を通していただいていました。

学力観・授業観

■漢字１００点とるのも、計算１００点とるのも大切だけど、そこに学ぶ強い心はありません。

■菊池は一方的に、講義をする授業は最低限にとどめる。自ら調べ、考えを人に伝えることで学力は飛躍的に向上すると考える。

■「ディベート」

・国語の授業の一環として討論会を行う。ただ自分の考えを言うのではなく他人の意見を受け止めさせるのがねらいだ。

・ディベートではたとえ話せなかった子どもでもほめるところを見つけた。普段の授業にも討論を取り入れ、勝敗だけが大事なのではないと何度も伝えた。

ディベートの撮影風景

指導観

■一人ひとりから、その子ならではの発言を引き出していく菊池。

■「ほめ言葉のシャワー」

・ほめることにとことんこだわる菊池。ここに大事な信念がある。

菊池　「自信がないからつるむんでしょうね。他からの評価が怖いから変に攻撃的になったり、投げやりな態度をとったりするんだろうと思いますね。みんなをほめるとか、みんなからほめられるとか、それを喜ぼうとか　喜んでもらうとか、そういったことがお互いの成長につながる気がします」

■「成長ノート」

・誰にも言えない心のうちも　書くことならできる。

・今年の6年生も1か月続けるうちに　抱え込んだ気

「ほめ言葉のシャワー」の撮影風景

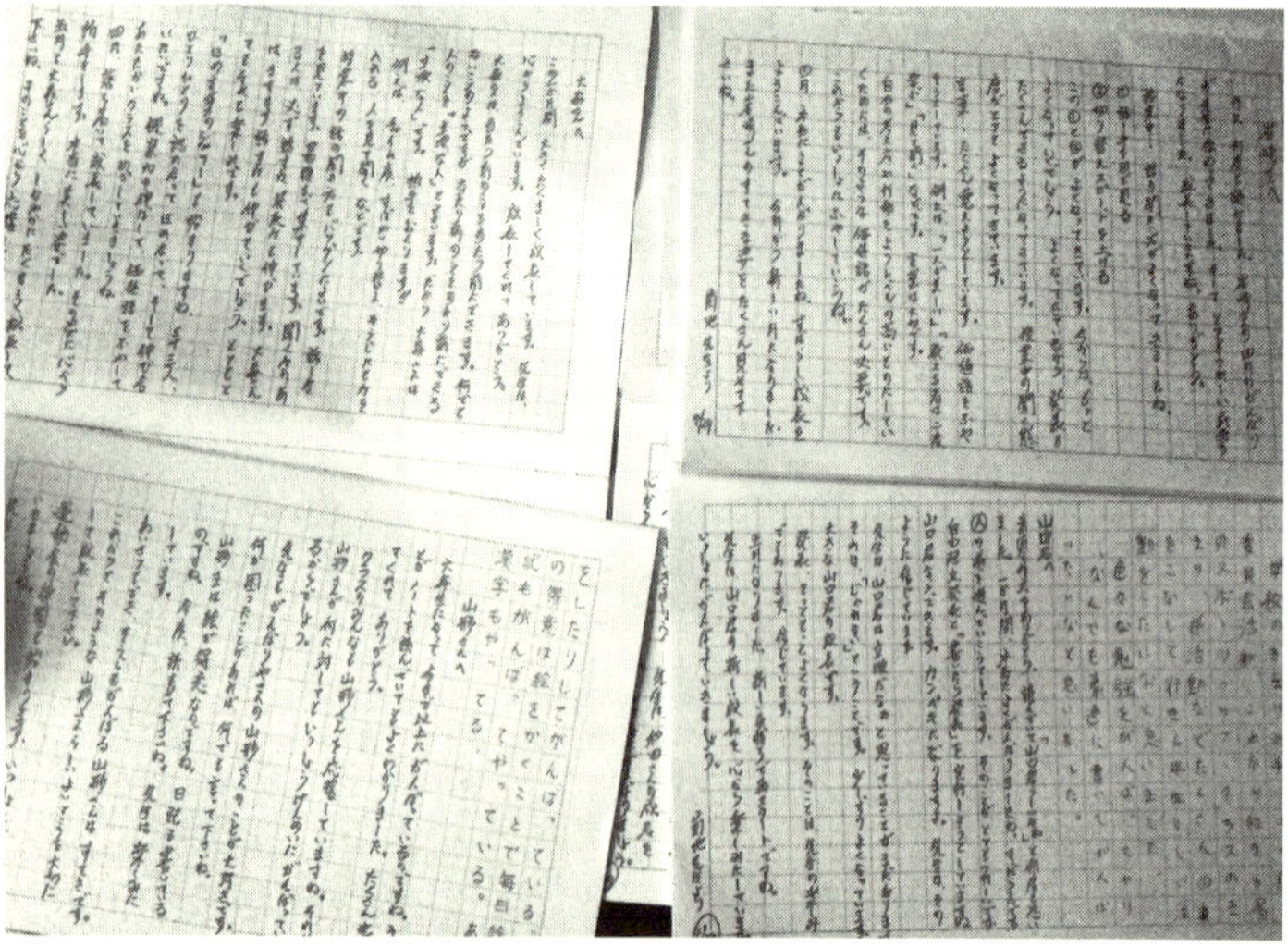

「成長ノート」に書き込まれた、菊池から子どもたちへのメッセージ

持ちを書き始めた。

菊池　「子どもの気持ちになれば、頑張ったんだから、先生がきちっと読んでなかったら『なんだ』って思いますよね。だから先生は本気で読みましたというのを、量も含め内容も含め応えるべきだろうっていうことですよね」

■「啐啄」

・「啐」とはひな鳥が卵の内側から殻を破ろうとする音。「啄」とは親鳥が外側から卵をたたく音。両者のタイミングがあってこそ卵は無事かえるという。

菊池　「前までは、みんなの前で言われると、ブーッとかってやったんかもしれない。でもそういうものじゃなくて本人が素直に頑張ろうとしていることをみんなにも認めさせたいわけですよね。だから　彼の今後の成長のきっかけになるシーンでもあるし、本当に変わっていく可能性が高いなと思いますね」

・大失敗となる恐れもある。それでも菊池は、子どもたちにあえて挑ませる。

菊池　「新しいところに行こうとしたらだめだったから、元に戻るっていうか、それっていうのは、今までと同じだろうと思うんですよね。結果うまくいかなくても自分の中で新しい自分を見つけていく難しさとか、おもしろさとか、大変さとか感じることができて、今まで自分がとらえていたことを越えるということですよね」

教師観

■授業が始まるまで、菊池は、職員室で過ごさず、廊下から子どもたちを眺める。

■見破られるようなうそをつき、自分の弱点をあえて気付かせる。

■いつもは穏やかだが叱るときは徹底して叱る。

■教師は教師らしくあれ。

菊池「先生たちやあなたたちのおうちの方は、基本的に叱ります。じゃないと、あなたたちだけの力でまっすぐA（成長）の道に行くっていうことはないからです。ありません」

■馴れ合うことと信頼されることとは、まったく別のこと。教師らしい存在感で子どもと向き合いたいと考えている。

■「菊池道場」

・子どもとの接し方など教師たちの悩みは尽きない。毎週夜明けまで語り明かす。

・（父が）教師になるとき自分に掛けてくれた言葉があった。

「菊池道場」での撮影風景

菊池　「子どもがいるところに行くのが先生だから どこにでも行きなさい、というようなことを僕なりにもう一遍考え直してみて、まぁ、仮に我々の世界でいろんなことがあったとしても教室の子どもは子どもですから。そこに意識とかエネルギーを持っていくということですよね」

人生観

菊池　「過去は変えられません。未来は自分たちでつくれます。今がちょうど勝負の時ですね」

菊池　「何気ない一つのことに大きなドラマがあるんだと思いました。よかったです」

■「プロフェッショナルとは」

菊池　「常に自己否定もしながら、進化し続けようとする人。常に今を変えていく、進化するために変えていく。そういった取り組みを苦に思わない、そういった人だと思いますね」

2012年7月16日放映NHK「プロフェッショナル　仕事の流儀『未来をつかむ、勝負の教室』」から文字化して引用

第二章　一人も見捨てない教育の実現

菊池　省三

新しい学校への着任

ＮＨＫ「プロフェッショナル　仕事の流儀」に出演させていただいた２０１２年（平成22年）には、私は、北九州市立小倉中央小学校に勤務していました。取材のお話があったのは、この学校に異動した直後の４月でした。小倉中央小学校での勤務は、私の教師生活の中で２度目でした。

北九州では、基本的には6年ごとに勤務校が変わる制度でしたから、間に2校の勤務を挟んで、13年ぶりに着任したわけです。

33年間の中では、いわゆる「厳しい学校」に何度か勤務いたしました。特に、筑豊炭鉱址の地域の学校は大変でした。産業が失われ、生活基盤がなくなった地域の疲弊ぶりは激しく、困窮した日々の生活を送っている地域でした。

家庭訪問で一軒一軒訪ねて歩く中で、「日本に、こんな住まいがまだあったの」と思わされました。正直、よくここで生活をしているなあと思うような家が多かったのです。学力的にもかなり厳しかったのですが、子どもたちが本当に素直だったことは、救われる思いがしました。

そんなところばかり異動になったのも、それなりに理由があったのだろうと思います。

私も、若い頃から教育委員会と対立していたわけではありません。仲がよかったというか、別に喧嘩もしなかったというレベルですが。途中から、いろいろな出来事をとおして関係が崩れ始め、それに合わせて、「厳しい学校」に異動させられていた気がします。

退職した今は、何でも言える立場になりましたから、少し申し上げますが、「厳しい学校」への異動が決まって内示が出たときに、当時の上司である校長先生が、

「おお、菊池さん、よかったね」

と、とても喜んでいたことを覚えています。この言葉の意味はお分かりだと思いますが、額面どおりに祝ってくれているわけではありません。

A小学校に勤務していた平成17年度に「日本初！　小学生が作ったコミュニケーション大事典（あらき書店刊、その後、中村堂から復刻版発行）」という本を子どもたちが1年間かけて作りました。小学生が初めて作った本だということで、大きな話題になりました。

平成18年3月発行「日本発！　小学生が作ったコミュニケーション大事典（あらき書店刊）

その学校では、ディベートを活発にやっていました。福岡県の大会や九州の大会に出場しては、優勝していました。「厳しい学校」のA小学校が大会で優勝したものですから、教育委員会の中でも「なんでA小学校が？」と、学習に関することで一番になったことが予想外で、大きな話題になったのです。

その後、B小学校という学校に6年間いました。ここが私の教師生活の中でもいちばん大変

だったという思いをもっている学校です。反社会的組織に所属する人が多い地域で、当然そこの子どもたちも在籍していました。

そんな12年間を経て、小倉中央小学校に、いわば、普通の学校に戻ってきたのです。

赴任して、最初に思ったことは、普通の学校の先生は、怒りすぎているということです。子どもを廊下の隅に追い込んで、逃げ場をなくして、激しく叱っている場面にも遭遇しました。そんな方法でも指導として成立していたから、行われていたのだと思います。もし、A小学校やB小学校で、同じ対応をしていたら、必ずや暴動が起きていたと思います。

小倉中央小学校に赴任して、「プロフェッショナル　仕事の流儀」で取材していただいた6年生は、2年のときに担任の先生が6人変わり、4年生のときに3人変わったそうです。そんな学年でしたので、1年ごとにクラス替えをせざるを得ないということになったそうですが、この学年だけ替えるわけにいかないから、全学年クラス替えを毎年しようということになったという、いわば学校のシステムを変えてしまうほどの「活躍」をした学年だったわけです。

5年生まで「活躍」をしていた子どもたちですから、私が最初に、「こっちを向いてください」と指示をしたら、「チッ」と舌打ちをする始末です。NHKのカメラが入っていてもその態度は同じでした。

ただ、私にとっては、その前の12年間がありましたから、それらと比較したら普通の学校だと思っていたのです。賢い子どもが多い街中の学校だという印象をもっていました。私の気持ちの中では12

年間の刑期を終えて、普通の学校に戻ってくることができたと思っていたのです。

子どもも保護者も、先生や学校に文句を言えば、自分の思うようになると思っていたのではないかと思います。文句を言って、担任の先生を何度も替えさせていたわけですから。

NHK「プロフェッショナル　仕事の流儀」からの取材依頼

小倉中央小学校に異動をしたばかりの4月1日か2日に、前任校にNHKの「プロフェッショナル仕事の流儀」からの取材依頼の電話がありました。電話に出られた方が「菊池先生は異動されました」ということで、私の連絡先を伝えてくださり、私のところに直接連絡をいただきました。小倉中央小学校の校長先生が、私がA小学校在任中に教頭先生をされていて、とても豪快な方で、NHKのオファーも了承してくださいました。

本当に異動したばかりの学校で取材が始まったのです。

ちなみに、隣の6年2組は、女性の講師の方で、この先生も赴任されたばかりでした。6年生を担任した経験はありませんでした。春休みに小倉中央小学校が勤務地に決まったときに、事情をよく知っている先生に電話で相談をしたら、「6年生だけは絶対担任してはだめよ」と言われて来たそうです。でも、案の定、なり手のない6年2組の担任を要請されました。講師という立場もあり、新しく赴任したばかりの学校ですから、業務命令を断ることもできず、引き受けざるを得ない状況になっていました。長い会議を経て夕方の5時くらいになって、やっとすべての学級の担任が決まりました。誰も担任になりたがらない学年がある、そんな最近の学校っていったい何だろうと、正直考えてしまいます。これは、私自身の北九州での体験ですから、日本全国がこういう状態なのかどうかは分かりません。

私に出演のオファーがあったこともある意味、不思議でした。そこで、ディレクターさんに「なぜ、私を選ばれたのですか？」と正直にお聞きしました。

私以外に候補になった方が3人いらっしゃったようです。小学校の先生でしたら、多分、多くの人がご存知の「全国区」の先生方ばかりです。

そうなるとますます、

「4人の中でなぜ私が？」

という思いになります。自慢話のようになってしまいますが、

「4人の方に電話で連絡をした結果、菊池先生の印象がいちばんよかったのです」

ということをおっしゃっていただきました。ディレクターさんは、それまでは上司から取材対象を指定されていたそうですが、私のときに初めてご自身で人選をされたそうです。

そして、その上司からは「番組で取り上げた人が、その後も幸せになるような仕事をしなさい」と言われていると話されていました。

これは、とても重要なことだと思います。私たちは、教室でいろいろな子どもと出会います。その

出会った子どもや保護者の方が幸せになるようにと思って教師という仕事を全うできるかどうかが重要だと思います。その意味で、番組に出させていただいた私は、今、こうして皆さんにその思い出をお伝えできているということ自体が、とても幸せなことだと感謝しています。

NHK「プロフェッショナル　仕事の流儀」の取材

取材をしていただいたNHKの方々は、やはり、プロフェッショナルでした。本当にそう思いました。NHK自体について、いろいろ報道がされていますが、あれだけの大きな組織の中で、「これをやるぞ」と決めて、仕事に取り組まれている方々の腹のくくり方というのは半端ではないと思います。

カメラマンさんは、以前、カメの産卵シーンを撮るためにアフリカに行き、一か月の間、ずっとカメを撮り続けたこともあるとおっしゃっていました。中心となるディレクターさんと、そんなカメラマンさんと音声さんを加えた3人の方々が、2か月間以上にわたって、学校の近くのビジネスホテルに宿泊されながら、毎晩毎晩、次はどうしようか、次はこういうストーリーで追ってみよう、というようなことを話し合われていました。

そういう方々に、1本40分のビデオテープで120本以上の5千分（80時間以上）にわたる撮影をしていただき、それを47分間にぎゅっと縮めて、あの番組に仕上げていただいたのです。

依頼があってから、撮影がスタートし、番組として完成するまで、4か月くらいの間でしたが、と

毎日行われた通勤風景の撮影

ても貴重な勉強をさせていただきました。

私は、今でもときどき、その映像を見ることがあります。自分を取材していただいたからということよりも、一つの作品として見ているという感じです。5千分の中から取り出した一つ一つのシーンや、そこで、どんなナレーションを入れているかということなど、プロフェッショナルが、一つの作品を腹を据えてつくったなというふうに思いながら見ています。客観的な立場で見ているのです。

取材期間は、4月、5月の2か月と、6月の最初の1週間でした。

番組の中で、子どもたちがディベートに取り組むシーンがありました。

そもそも、4月に着任したばかりの学校で、前の年まで「活躍」していた学年ですから、ディベートをしようとは、初めは考えていませんでし

た。ところが、ディレクターさんから、

「先生、ディベートは、いつから始めるのですか?」

と言われました。ディレクターさんも、私がディベートを実践しているということを事前に調べて知っていますから、当然の質問だったと思います。

「そうですね。では、やります」

と答えたところ、ディレクターさんは、なんと、

「先生、今、ディベートをしたら、学級がぐちゃぐちゃになってしまうのではないですか」

というのです。ディレクターさんが、やらないのかと言うから、私はやりますと言ったのですが……。

そんな一つ一つのことが、とても大切な思い出です。


ディレクターという仕事をされる人は、撮影の現場に入った段階で、自身の頭の中にいくつかのストーリーを描くそうです。2か月間とか3か月間の中で完結しそうなものをなるべく多く選んでおいて、撮影をしながら取捨選択しながら、絞り込んでいくようです。

その一つとして、消極的な男の子が係り活動をとおして自分らしさを発揮していくというストーリーも描かれていたようです。2か月ちょっとという限られた時間の中では、その子は、番組に取り上げられるほどには変化がなかったということで、登場しませんでした。ちなみに、その子のお母さんは、スナックを経営されていました。

お世話になったディレクターさん、カメラマンさん、音声さんの3人

「菊池先生、来ませんか?」

とお声掛けをいただきましたので、一度お店にお邪魔しました。そして、

「お母さん、すみませんでした。一度は番組の中で主人公になる予定だったのですが、いろいろな事情があって……」

というようなお話をいたしました。

これは一例ですが、番組ができあがるまでには、いろいろなことがありました。

ディレクターさん、カメラマンさん、音声さんの3人が、毎晩毎晩ミーティングを重ねながら、本気で構えて番組を作ってくださいました。ディレクターが撮りたいと思っていることと、撮影をするカメラマンとの間に、確実な意思の疎通ができていなければ、番組を作ることはできません。

そうした毎日を横で見ながら、この人たちは、本当にプロフェッショナルなんだなと、当たり前の感想をもちました。

ディベートのことに話を戻します。

ディレクターさんからの挑発もあって、無理矢理感はありましたが、番組で紹介されたとおりディベートを行いました。でも、やはり、見ていただいた方は分かると思いますが、ディベートとしては、内容的には全く初歩的なレベルです。

でも、ディベートを体験することによって、人と意見を区別しないといけないということや、相手がいたから新しい気付きや発見があり、あなたのおかげで学びができましたということに感謝して、ディベートの最後には握手をするということなど、話し合いについての一つ一つのルールを子どもたちに伝えることができました。また、ディベートの中に学級づくりの意味がたくさん込められているということなど、撮影が進んでいく中で、私自身が改めて感じることができました。

ディベートの中で、一人の男の子が取り上げられました。ディベートの最中に声を荒げてしまった男の子です。彼は、ディベートのシーンで2回取り上げられています。1回目は、「反則」と言われた場面です。2回目は、「チームのメンバーを助けていた」と言われた場面です。1回目は、質問に答える役でした。2回目は、最初の意見を言う役でした。1回目は、何を聞かれるか分からない場面です。2回目は、前もって準備をすることができる条件がありました。彼は、1回目に声を荒げて失敗しました。であるならば、再挑戦の意味で、質問に答える役をもう一度すればよかったのですが、私に言わせれば、彼は、そこからうまく逃げてしまったのだと思います。空気を読んで、自分はチームのためにがんばっているんだぞということを見せつつ、何も恐れないですむ最初の意見を言う役割を選んだのです。彼は、そんなパフォーマンスを直感的に演じながら、自分の成長と向かい合うところから逃げてしまいました。

結果的には、そんな彼が番組の中では大きく取り上げられました。2か月という限られた期間の中で成長したという一人の主人公として取り上げていいかどうかということについて、先の3人の方々と私との間で話題になりました。彼を取り上げることが、それが放送されることが、彼にとってプラスなのかどうかということです。これは、みなさんにも考えていただきたいことです。

その男の子は、番組で取り上げられた「成長ノート」の中にもあったように、5年生まではずいぶん「活躍」していました。特に、4年生の時は、子分に「今度は、あいつをはじけ（のけ者にしろ）」と言って、子分に誰かをいじめさせるようなことをしていました。自分の手は汚さないわけです。そんなことを平気でしていました。そんな過去を背負った子どもが、2か月間という限られた期間で急激に変わるということはありません。

ただ、賢さはありますから、いかにも自分はみんなのためにやっていますよと振る舞っている彼を取り上げるかどうかについては、とても重要なことでした。

放送日は、7月16日でしたので、直前の番組構成を検討する段階ではほぼ一学期間彼と付き合った時期になっていました。

「まだまだ不十分ではあるけれど、取り上げた方がその後の彼にとってプラスになるでしょうから、その意味で大丈夫でしょう。出してください。自信があります」と、お答えしました。

結果、実際に放送で彼の様子が流されました。

もう一つ、係り活動についてですが、私は今、いろいろなところで、係り活動は大事だとお話しさせていただいています。やはり、学校のカリキュラムの中で、いちばん自分らしさを発揮できるのは、特別活動だと思っています。その中で自分の好きなことや得意なことを皆のために行い、皆もそれを受け容れて楽しむことができる学級文化をつくっていくということが、係り活動ではないかと思っているのです。

係り活動については、番組の中で取り上げてもらえなかったシーンもたくさんありますが、その後の実践の中で、あるいは、今までの実践を問い直す中で、やはり価値あるものだと再認識することができたと思っています。

廊下から教室の中を眺めているシーンがありました。

番組の中で、「授業が始まるまで、菊池は、職員室で過ごさず、廊下から子どもたちを眺める」とナレーションが流れたシーンです。私は、正直、あまり職員室に行きませんでした。職員室は、子どもの悪口の場でした。あるいは、子どもを叱り倒す場というのが、学校の文化でした。

「私のクラスの子は、こんな様子。こんなことをした」

「えっ、本当、私のクラスもそうよ」

こんな人たちばかりが集まった職員室でした。そこに朝から行って、

「ああ、そうですね」

と話を合わせることは、さすがに私にはできませんでしたので、職員室に居られなくて、教室の廊下に立って、子どもたちを見ていたというのが実態です。

一人ひとりの子どもを眺めながら、これまでいろいろな問題を起こしていたと申し伝えられたことを反芻していたのです。でも、悪いところばかりを聞いていた子どもたちも、授業の始まる八時半前の教室の中で、友達と仲良く話をしていました。そんな様子を、いい光景だなあと思いながら見ていたわけです。

そんな光景を、「菊池は、職員室で過ごさず、廊下から子どもたちを眺める」とのナレーションとともに、放映していただいたのです。「見る」ではなく「眺める」です。いい意味で、心理的にも物理的にも、引いていたのだと思います。

そんな朝の放送された映像の中に、特別な支援を必要とする男の子がいました。6年生になってからは、リセットができて、みんなと仲良くできるようになってきていました。

私は、

「あの子は、5年生までは大変だったんだな。でも、今は周りの友達ともいい関係ができて仲良くや

生き物係の活動

れているな。でも、爬虫類が好きなところは何も変わっていないな。相変わらずトカゲばかり触っているな」

　というようなことを思いながら、廊下から眺めていました。爬虫類が異常に好きな子でしたから、一学期は生き物係をして爬虫類系を育てたり、画に描いたりしていました。二学期も三学期も、生き物係をして魚の研究をしていました。爬虫類が趣味ですから、周りの子どもたちには理解されないことがどうしてもあります。周りに認められていない状況を眺めながら、ちょっと引いたかたちで冷静に、今までの成果を考えながら、まだ足りないものをこれから

当時のYahoo!検索画面

どうしていこうかと、次の手を考えている時間でした。

　正直なところ、私の場合、職員室にいづらい思いをしていたので廊下から教室の子どもたちを見ていただけなのに、それを「眺める」という言葉で、私自身の実践を価値付けしていただきました。番組の中の印象的なナレーションの一つです。

　番組の放送直後には、Yahoo! の検索で、雄星選手や桃子さんを抜いて、「菊池」に関係した検索数で、トップになりました。ひと時だけですが、とても嬉しかったことを思い出します。

　撮影が続いていくと、番組のスタッフと子どもたちも仲良くなってきます。スタッフの方たちは、仲良くなったクラス全員の子どもたちを、番組に出るようにしたいと思うようになったようです。ストーリーを描きながら、なるべく多くの子どもが番組の

撮影スタッフの方々と教室の子どもたちとの記念撮影

入るようにと撮影をしていただきました。

番組後半は、運動会の場面でした。

こうした撮影は、必ず肖像権の問題があります。私の学級だけは保護者から承諾をとって撮影を進めましたが、運動会となると、学校全体を撮影することになります。学年全体での練習があったり、全校での場面があったりします。学校の規制がいろいろ厳しく、撮影は難しかったようです。今だから言える裏話ですが、保護者の方が撮影された映像や、どさくさに紛れて撮った映像なども、運動会のシーンの中にはあります。

そんな感じでしたから、番組の後半が、まさか運動会一辺倒で編集されるとは、全く思いませんでした。

私が、

「あの授業は出ますね。あのときの授業は出ませんかね。この授業、いいと思うんですけどね」

と、私なりに満足のいく授業を取り上げてもらう

ように話をしても、

「いいえ、出しません。これは、授業を説明する番組じゃありませんから。それらは出しません」

と言われてしまいました。

今になって考えてみれば、当然そうだと思います。社会科の討論の授業を番組の中で取り上げたところで、あの番組の趣旨には合わないと思います。そんなわけで、自信のあった授業はほとんど番組には出てきませんでした。

撮影が終わって

撮影も終わり、放送の2週間前ぐらいに、テロップ、ナレーションも入った状態で60分程度にざっくりとまとめられたものを見せていただきました。私としては、過激であればあるほどいいと思っていましたから、まとめていただいたものを最終的に了解しました。

番組作成サイドからすると、「あの学校は、学級、学年、学校が崩壊していた」と言った方がインパクトがあっていいわけですが、「授業が成立しづらいケースもあった」と、配慮した表現をしていました。「菊池と一緒にいると管理職になれない」は、よくぞ言ってくれたと思いました。

翌日、その映像を、学校の管理職に見せることになっていました。厳密にいうと、報道の自由が保障されている日本では、放送法という法律で、事前の検閲は禁止されています。事前に「見せろ」と圧力をかけられても、見せてはいけないのです。

肖像権の問題がありますので、放送の前に学校の管理職に完成した映像を見せるという条件がついての撮影でしたので、事前に確認をしてもらうことになっていたのです。

私が見た段階で、「授業が成立しづらいケースもあった」というナレーションは、敏感な管理職であれば「それは、やめてくれ」と言うかもしれないと思いましたから、

「ナレーションは適当に減らして、危ないなと思うところのナレーションは外して映像だけを見せてください。場合によっては、『とにかく、これでいきます』と押し切ってください」

というようなことを、私はディレクターさんにお願いしました。ディレクターさんも上手くお話ししてくださいまして、原案どおりで番組は放送されました。

話は少し戻りますが、5千分以上の映像を50分足らずに縮めて編集するわけですから、確かに見ていただきたいなと思う授業がカットされることは「授業を説明する番組ではないから」と理解しました。

ただ、そんなふうにして厳選された内容の中に「パンの耳が食べられない」というシーンが2度出てきたのには驚きました。5千分の映像は全て事実ですから、私はどこをどのように切り出して編集されても構いません、という基本的な姿勢はお伝えしていましたが、さすがにあのシーンが2回も出てきたのを見たときに、「ちょっと……」という顔をしていたのだろうと思います。

ディレクターさんが、そんな私の顔を見逃さず、

「先生、どうですか。パンの耳の話の部分でしょ」

と聞かれました。そして、

「菊池先生が、ご講演をされている中で話されていた『教師おもちゃ論』がありましたよね。教師が、自分の思いや真面目なことばかりを熱く語っても、今の子どもたちは聞かないし、伝わりにくいから、ある意味、子どものおもちゃになって遊ばれてあげることも場合によっては必要だ、と言われていました。『パンの耳』は、その象徴的な場面だったと思います。ですから、私は死守します」

とおっしゃいました。見事に死守されていました。

本当にいろいろなことを勉強されて、取材に臨まれているのだと感心させられました。3、4か月の取材が終わったら、次はお医者さんだったり、駅弁の売り子さんだったり、取材をする対象は次々と変わっていくわけです。短いスパンの中で、教師である私のレベルを超えるくらいに、係り活動をすることの意味はこういうことでしょとか、大変な学級ですがディベートはしないのですかというように、相当調べて、勉強してから学校に来られているわけです。

そして、子ども全員を撮影して、取材した人が幸せになるような番組作りをしようと、日々努力をされていました。繰り返しますが、

「あなたたちこそが、『プロフェッショナル』ですね」

と言って差し上げたいと、今思い出しても、強く感じていることです。


「パンの耳」の話ですが、私の勤務していた学校では、何も調理されていない2枚の食パンが給食で出ていました。皆さんの地域ではいかがでしょう？　今の時代、食パンをそのままではなく、何かしら調理されているというか、もう少しおしゃれになっているのではないかと思っているのです。あんな感じで出されて食べろというのが、ちょっと厳しすぎるのではないかと私は思っています。

2回目に全部食べきって、子どもたちが拍手をしてくれる場面がありましたが、本当はあの日はパンが1枚だったので、何とか食べることができただけというのが真相です。

私がかつて20年ほど前にディベートをしたときに、「学校給食は廃止すべき」というテーマを取り上げたことがあります。そのテーマは、当時のディベートの定番の論題で、別に何かを批判しようと思って取り上げたわけではありません。学校の隣の市民センターで、休みの日に子どもたちを集めて行ったディベートです。大学の先生や新聞社の人も呼んで行いました。そういうことが、昔から好き

だったのです。

翌日の朝刊に「小学生、気迫の討論」という見出しで記事を掲載していただきました。すると、始業前の8時半頃、学校に電話がかかってきました。どこからかというと、学校給食協会でした。そこは、管理職の「天下り先」と言われているところでした。

『『学校給食を廃止すべき』とはなにごとか！　菊池は、どういう思想の人間か」

というクレームの電話です。

「えっ、ディベートで議論しただけです。ゲームですよ」

としか答えようがありません。ディベートが、まだあまり認知されていない時代でした。何とか説明しましたが、またすぐ電話がかかってきました。今度は、教育委員会からです。

「カリキュラムはどうなっているんだ？」

と。休みの日に行ったことで、カリキュラムも何も、もともと関係ない話です。そして、

「そのときに使った資料を提出しろ」

と言うのです。ディベートのなかでは、C市の給食費とD市の給食費を比べると、C市の方が高いという資料があって、子どもたちは、どうしてC市の方が高いのだろうかと調べたり、計算したりする中で、学校給食協会にお金が流れているということを見つけてまとめた資料も入っていました。これはさすがにまずかろうと思い、その資料だけは抜いて提出したことを覚えています。

こんなことがありまして、私に対するディベート禁止令が出されました。「菊池はディベートをす

るな」と。このあたりから、教育委員会との間に亀裂が入ったのです。こんな関係になってしまっていましたから、冒頭に書きましたように、A小学校に異動が決まったときに、

「おお、菊池さん、よかったね」

と言われたわけです。

「給食のパンの耳」から、だいぶ話がそれてしまいましたが、給食については、このような背景もあり、私には異常ともいえるこだわりがあるのです。

番組の中で、私の2大実践である「ほめ言葉のシャワー」と「成長ノート」を取り上げていただきました。4月に取材が決まった時点で、カメラが入る前から、この2つは取り上げてほしいと思いましたし、取り上げられるだろうという強い確信もありました。

「ほめ言葉のシャワー」の実践については、放送の数年前から、本にまとめたいと思っていました。実際に何社かの方にお声掛けもしました。

某大手出版社の方にお話ししたところ、

「これは、やり方だけですからあまり価値はないと思いますよ」

と断られました。

別の教育書を出されている出版社にも、メールをお送りしましたが、色よい返事はありませんでした。

そんなことがあって、この取材が決まったものですから、放送に合わせて何とか出版をしたい、放

「小学校発！　一人ひとりが輝く　ほめ言葉のシャワー」（2012年　日本標準）

送で「ほめ言葉のシャワー」が取り上げられれば、それなりの反響を起こすことができるのではないかという思いが強くなっていきました。当時、日本標準という出版社に勤められていた中村宏隆さんに電話をして発刊の件を相談しました。中村さんは、

「菊池先生、今、出版業界は大変に厳しくて、新刊を極力少なくしています。でも、『プロフェッショナル』にご出演をされるということをお聞きして、何とか出したいという思いで、いろいろなことが私の頭の中をグルグル回っています。何とか実現しましょう」

とお引き受けいただき、7月の放送日前には書店に並ぶように完成させようということになって、スタートしました。菊池道場に何人かが集まって、夜な夜な議論をしては執筆をして、できた人から帰っていい、という感じで「小学校発！　一人ひとりが輝く　ほめ言葉のシャワー」（2012年日本標準）ができあがりました。

この本の帯には、「最近、人をほめたことがありますか？　人にほめられたことがありますか？」と書かせていただきました。この2つの問いに「はい」と答えられるかどうかが、今の時代に問われ

ていることではないかと思っています。

「成長ノート」については、「菊池さんは、子どもの文章を幾度も読み返す。そして、一人ひとりに長い返事を書く。休みの日にはこの作業に実に10時間を費やす」と紹介していただきました。ゴールデンウイークだったから、たまたまできただけの話です。でも、たまたまでいいですから、本気で教師が書き込みをして返してあげると、子どもたちはとても喜びます。

新しい教育観を携えて

この春に卒業した子どもたちが、卒業した後の4月に学校に集まったときの雑談の中で、最初に出会った5年生の頃、どんな気持ちだったかという話をしていました。

「ほめ言葉のシャワー」の主人公になって、自分の席から教室の前に出る間に、かったるい感をわざと出し、面倒くさいなあというふりをすることで、周りの空気に自分を合わせていたというのです。真面目なやつと思われてしまうことが怖いのです。子どもたちは、面倒だという態度を示し、叱られるような悪いことはしたくないけれど、ほめられるようないいこともしたくないという、微妙な空気の中にいたのです。

そうした中で、「成長ノート」を書かせて、教師と子どもとの個人的なやりとりの中で、「本当は、私はこうしたいけれど、今はまだできない」というような心の叫びを、教師が丁寧に丁寧に拾い上げてつないでいくということが、とても重要なのだろうと、改めて考えているところです。

新年度の初日に、教師が、

「きちんとしなさい！」

と大きな声を出し、子どもは、

「はっ？　やってるし！」

と答えます。つまり、

「叱った教師が悪いのだ。おれが悪いのではない。学校の先生が悪いんだ。担任の先生が悪いんや」

と、全て責任は自己外にあると思っているのです。自己内責任という考え方が、まずないわけです。

ですから、価値ある考え方と、価値ある言葉を徹底的にシャワーのように降り注いで、ほめたり、たまに叱ったりして、セットにして子どもたちに入れていくという作業を、「成長ノート」を中心にして、自分と一人ひとりの子どものつながりを築いていくことを、年度の初めは徹底的にやりました。

それを踏まえて、「ほめ言葉のシャワー」などをとおして、だんだんと子ども同士の横の関係をつくっていくのです。

縦と横を、いろいろな工夫をしながら編み上げていきます。そんな過程の中で、どんな授業を目指すかということを、私なりに模索してきたのだと思います。

今年の四月に、退職した学校に行った折、学校の近くのコンビニエンスストアに寄りました。そこで、

「先生！」

と声を掛けられました。

「あ、佐藤さん。どうしたん？」

と私は声を返しました。

「私、ここでアルバイトしてるんです」

と言っていました。佐藤さんは以前の教え子の一人ですが、6年生のときに、当時の教頭先生が、

「この数年間、佐藤さんの声を聞いたことがない」

とおっしゃっていたほど静かな子どもでした。

私が担任したときに、始業式の日に、廊下の向こう側から自己紹介して先生のところまで聞こえたら合格というゲームをしました。そうしたところ、彼女が一人残りました。

「はい、佐藤さん。もう1回がんばって！」

と言ったら、過呼吸になってしまい、これ以上やり続けたら倒れてしまうのではないかと思い、みんなで佐藤さんの自己紹介をしようということにして、何とか合格にしたような感じの女の子でした。

4月8日に、「6年生になってがんばりたいことを書きましょう」というテーマで「成長ノート」を書かせました。彼女は、なかなか書けないでいたので、

「だったら、今日、私ががんばったこと書きなさい」

と言ったところ、

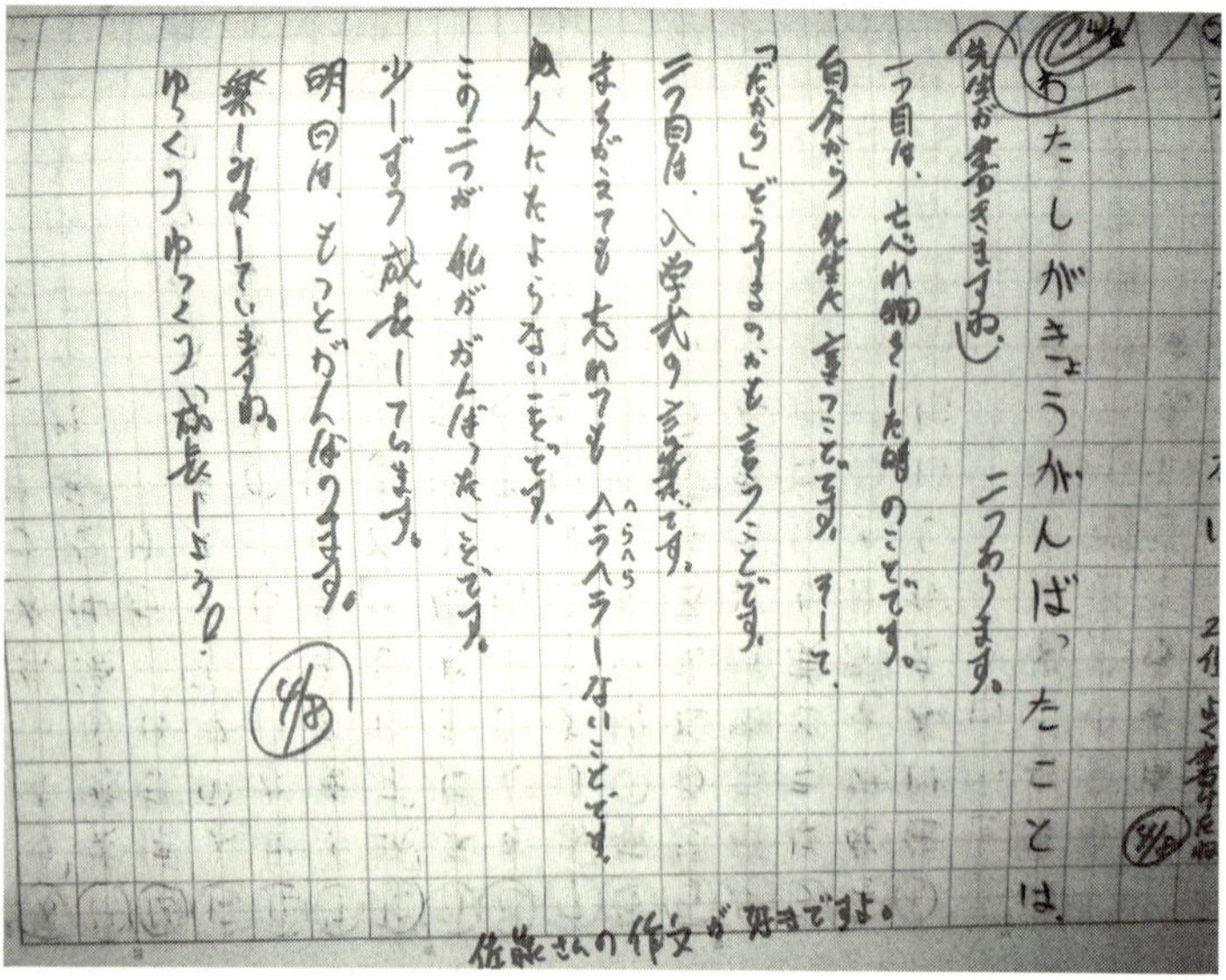

佐藤さんの「成長ノート」

「わたしがきょうがんばったことは」

と書き始めました。

そして、ずうっと教室の中を回って机間指導をしてからノートを集めてみると、佐藤さんのノートには、私が言ったことしか書かれていなかったのです。6年生です。では、こういう場合にどうすればよいのかということが問題になります。

教師と子どもの間の縦糸をつくろうと思っても、その土壌にさえ乗らないお子さんがいます。こんなとき、私は、

「先生が書きますね」

と言って、続きを私が書きます。たぶん、佐藤さんはこんなふうに考えているだろうと想像しながら書いてあげるのです。そして、この佐藤さんの作文が先生は大好きですよ、とも書きます。

分かりますか？　佐藤さんの代わりに、私が作文を書いて、その作文に対して「佐藤さんの作文、先生は大好きですよ」と私が自分で書いたのです。

そんな思い出のある佐藤さんが、この4月には自ら声を掛けてくれたのです。

「私、ここでアルバイトしてるんです」

偉いと思いました。佐藤さんが、コンビニエンスストアで立派にお客さんの対応をしているのですから。お弁当を買ったお客さんに対して、自己紹介も過呼吸でできなかった佐藤さんが、

「温めますか？」

と聞いているのです。私は、感動しました。

子どもはいずれ必ず成長します。ですから、そのときに何かができないからといって、「だめ」と言ってはいけないのです。必ず成長することは分かっているのですから、作文が書けなければ、書くのを手伝ってあげればよいのです。いずれは変わるわけですから、がんばったねと言ってあげることに、何も損をすることはありませんから。

厳しい学校に12年間いましたから、

「おまえ、なんだ、それはだめだ！」

と言ったら、

「うるせえ！」

と返ってくることは十分、分かっていました。ですから、いつの間にかこのようなスタイルが身に

付いたのかもしれません。

「成長ノート」に、教師である私が返事を書くと、そのあとに、さらに返事を書いてくる子がいます。そうしたら、また返事を書いてあげればいいわけです。

私は作文を書かせたときに、原稿用紙の最後のマスまでいっぱいに文字が入って、句点がマスから飛び出た場合を、金メダルと言ってほめていました。最後のマスが句点で終わったら銀メダルです。原稿用紙の最後の行まで書いてあったら銅メダルです。それ以前で終わっていたらメダルはなしです。

「人間を育てる　菊池道場流　作文の指導」（２０１５年　中村堂）という本を今春出版しました。

若いとき、私のお師匠さんから、

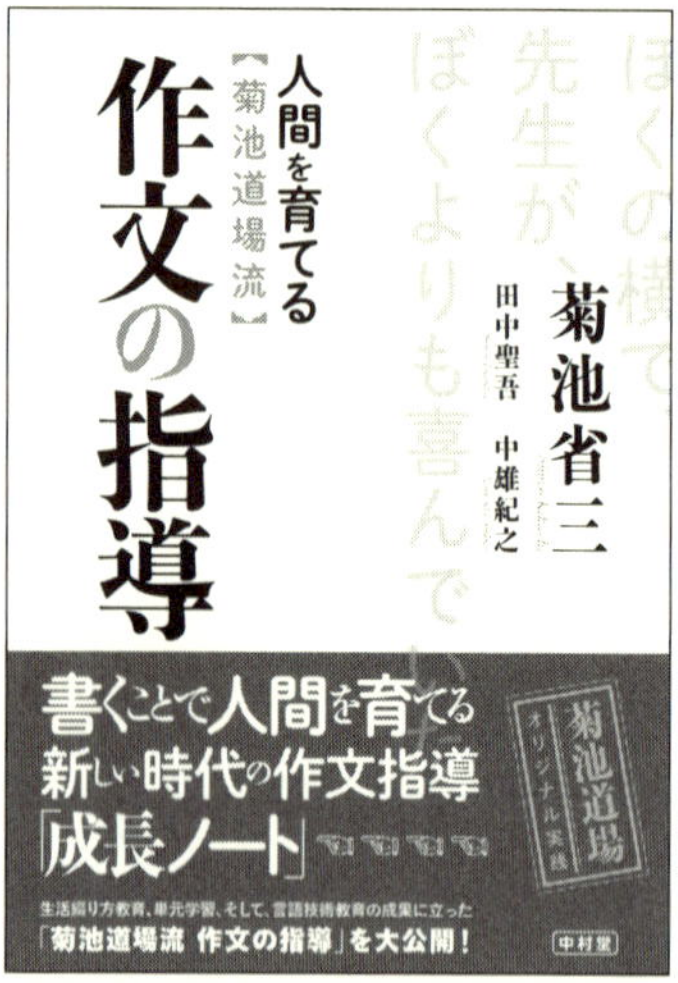

「人間を育てる　菊池道場流　作文の指導」
(2015年　中村堂)

「子どもに１００行書かせようと思っても、最初から１００行書けるわけがない。どうしたらいいと思うか」

と聞かれましたが、正直に

「分かりません」

と言うと、

「99行書いてやればいいだろう。最後の1行だけ残しておいて、子どもに書かせてみて、書けたとしたら、『すごいね、１００行書けたね』

と言ってあげればいいだろう。２回目のときには、半分の50行ですむかもしれない。３回目には５行でいいかもしれない。それを繰り返していけば、自分で１００行書けるように成長するかもしれないんだから」

というお話をされました。私は、なるほどそうだなと思いました。相当なインパクトがあった12年間を過ごしましたので、どんなお子さんに出会ったとしても、この子は絶対に成長してよくなるだろう、と思うわけです。

新しい学年になって、新しいクラスで、例えば30人のお子さんたちと出会ったとすれば、この30人は、大人になったら、絶対自分よりも立派な大人、人間になって活躍するということを思い、信じることが大切だと思うのです。１年生であっても、６年生であっても、そのように思うところから、教師の仕事は始まると思います

そもそも、排除の理論しかはたらかなくて、「だめ、だめ」とばかり言って子どもと向かい合っていては、子どもは追いやられてしまうだけです。

この子はきっとすごい人間に育っていくのだろうと考えたときに、その子の成長の手助けをどうするかを真剣に考え、何も言えない子がいたり、何も書けない子がいたりしたら、教師が手助けをしてあげればいいんじゃないかということを考えるようになった、私の教師生活だったのです。

価値ある言葉を大事にして、子どもたちを育てていく。お互いが認め合って、自信と安心のある学級集団をつくっていくのです。私は、メモ帳に精一杯、子どもたちの細部の細部を記録しています。

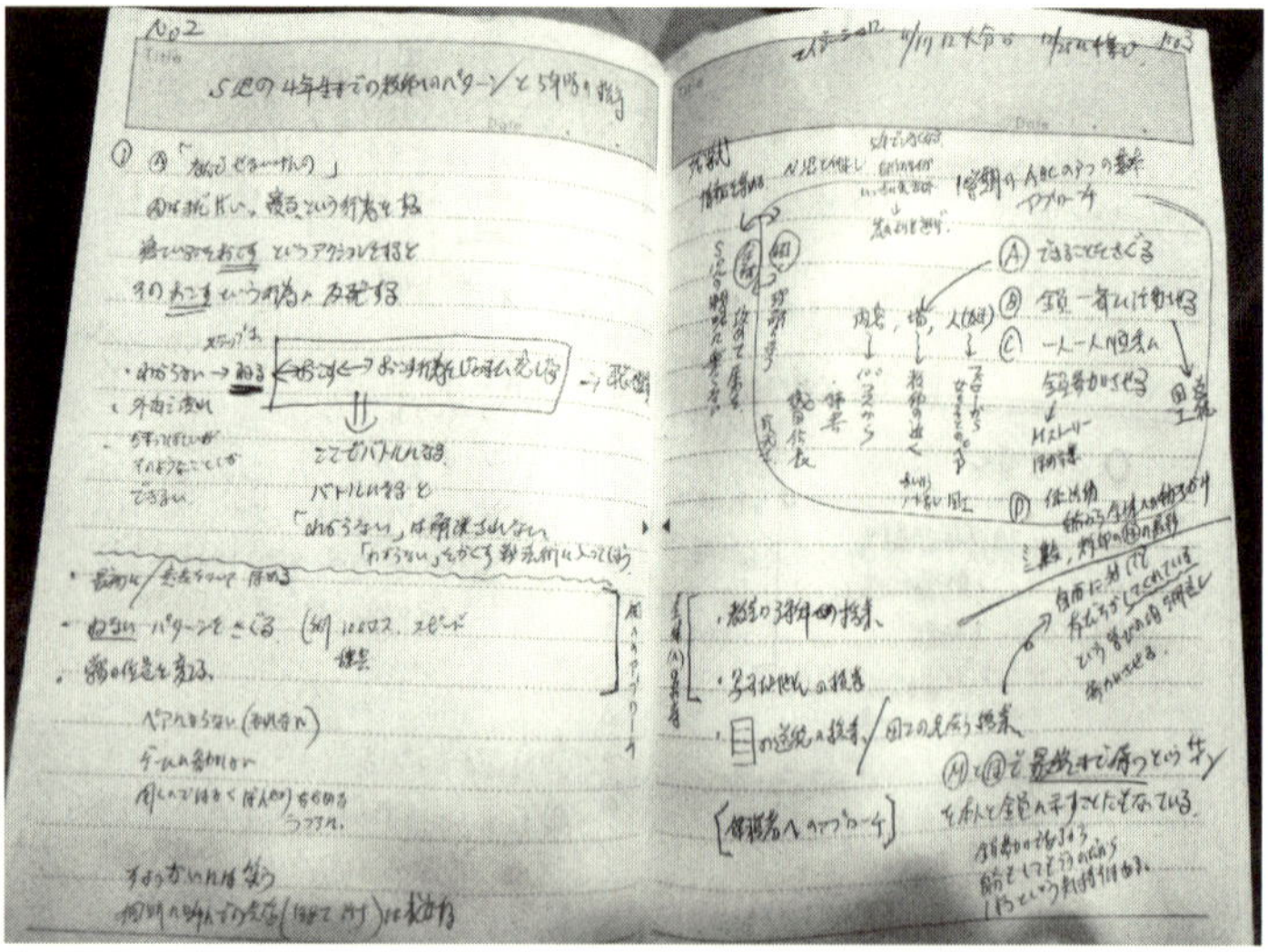

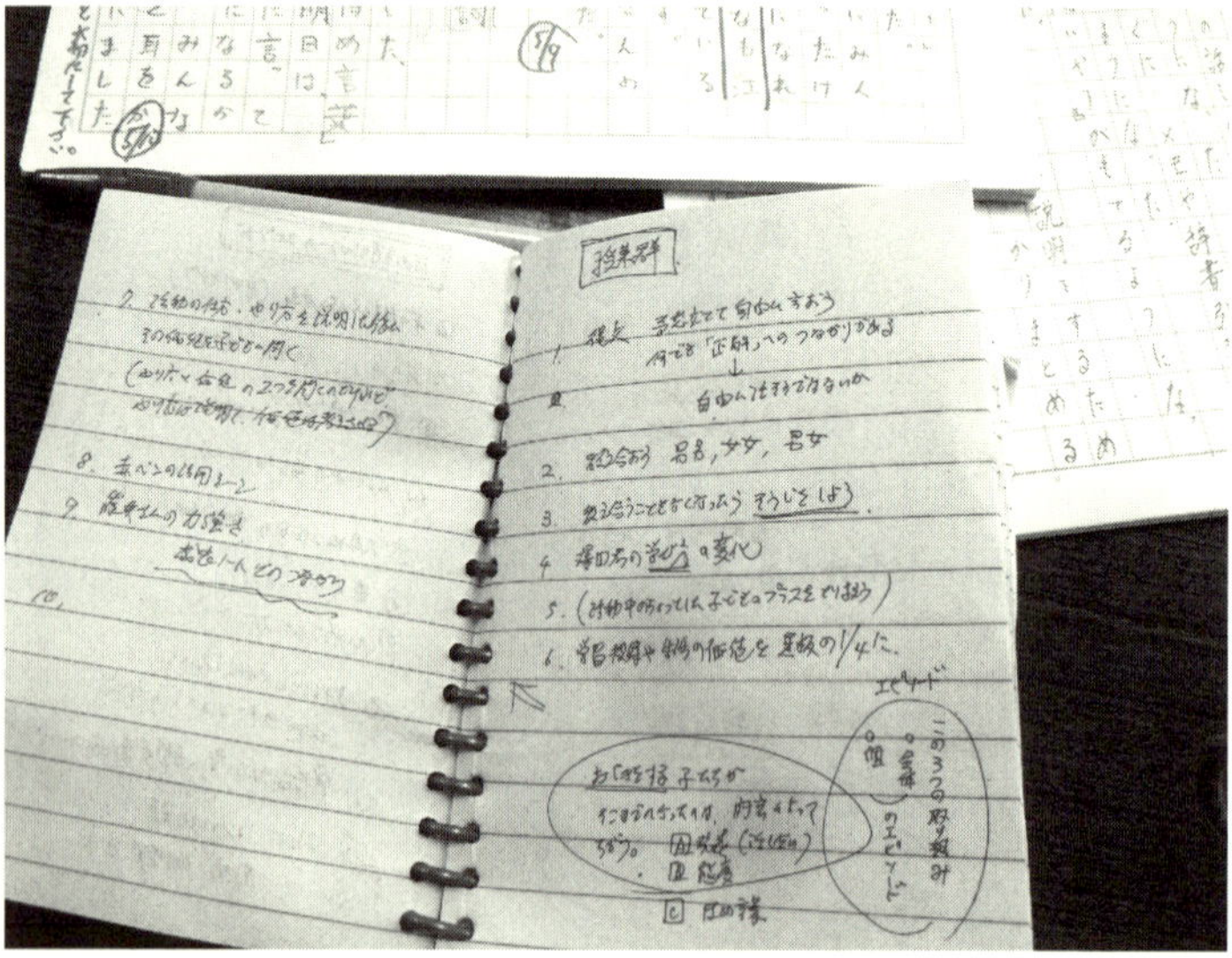

菊池のメモ

メモしたものをもとにして、子どもたちに返していく作業が、毎日毎日、当たり前のように続きました。

知恵がないものがいくら知恵を絞っても出てこないわけですから、ほめるためには、ほめることに関する勉強をしないと話になりません。いっぱい勉強をして、学び続ける者だけが教えることができるという教育の世界名言があるようです。私も、学び続けない限りは、教えることはできないだろうと思っています。

四国の仲間とともに――「授業観」試案を考える

「プロフェッショナル　仕事の流儀」に出演させていただくことで、全国の多くの方々に菊池省三という人間を知っていただくことができました。四国では、テレビを見たよと言って、学校の先生だけでなく、教育委員会の方、塾の経営者、人材育成を事業とされる民間の会社の社長さんなどからお声掛けをいただき、人間関係をつくっていただきました。

これまでも、教育改革はいろいろな形で進められてきました。制度的なことや、学習内容や、指導方法など、多岐にわたって改革は行われてきました。でも、やはりあまり変わらないのが現状です。であれば、いちばんてっぺんの「観」を変えましょう、というのが私の提案です。

いろいろな立場で教育に携わる人たちが、違う立場の中でそれぞれの思いで「観」を変えることに挑戦してみようと動き始めたのです。これは、画期的なことだと私は思います。

左のページの「菊池省三が考える『授業観』試案」をご覧ください。私なりの考えをたたき台としてまとめたものです。右上に、愛媛県松山市の銘菓・坊ちゃん団子が描いてあります。私は、愛媛県の出身ですから坊ちゃん団子にしました。単純に順序性を言っているわけではありませんが、土台であるCの部分は、教師とのつながりとか、子ども同士のつながりで自信と安心のある集団をつくるということがまずは重要です。外国にルーツのあるお子さんも多くなっている社会状況ですし、特別な支援を要するお子さんも多くなっています。子どもと貧困の問題もあります。生活自体も二極化が進み、厳しい生活環境に否応なく身を置かれているお子さんも少なくありません。

そんな凸凹を生かしながら温かい人間関係をつくっていくという土台をもとにして、教師の指導力で授業を創っていくBも大切です。

今、文部科学省からは、アクティブ・ラーニングが提案されています。これまでの学習指導要領では、学習の内容は規定されていましたけれども、学び方や方法までは踏み込まれていませんでした。その方向性を転換して、アクティブ・ラーニングという学び方を、前面に出そうとしているのです。私の中では、平成に入った頃から今日まで長い期間実践してきたこと自体がアクティブ・ラーニングだと考えていますから、全く違和感はありません。ですから「時は来た！」と思っています。

ただし、Cの土台を十分につくらないまま、Bの技術だけを入れたとしても、附属小学校とか、落ち着いた地域の学校では、できるかもしれませんが、普通の公立の多くの学校では、成立しないだろうと思います。せっかく、「時は来た」というチャンスですから、そのチャンスを生かすためには、

菊池省三が考える「授業観」試案

●一般化する(できる)部分と菊池個人の授業スタイルであるという両面を含んでいる。
●「観」は、単なるやり方ではなく、考え方や思想・哲学。論でも術でもない!!

Ⓐ…基本的に納得解のテーマ（絶対解は別の指導。納得解の指導が成立する学級は白熱する。）
Ⓑ…基本的にディベート的な話し合い（価値と方法の説明が容易。）
Ⓒ…全体をつらぬく言葉の指導（言葉が変われば、人間も、集団も変わる。）
※今まではＡＢＣ、また、それらの中の一つひとつがバラバラであった。
※教師の観を明確に示した「観-論-術」を事実で示されていなかった。

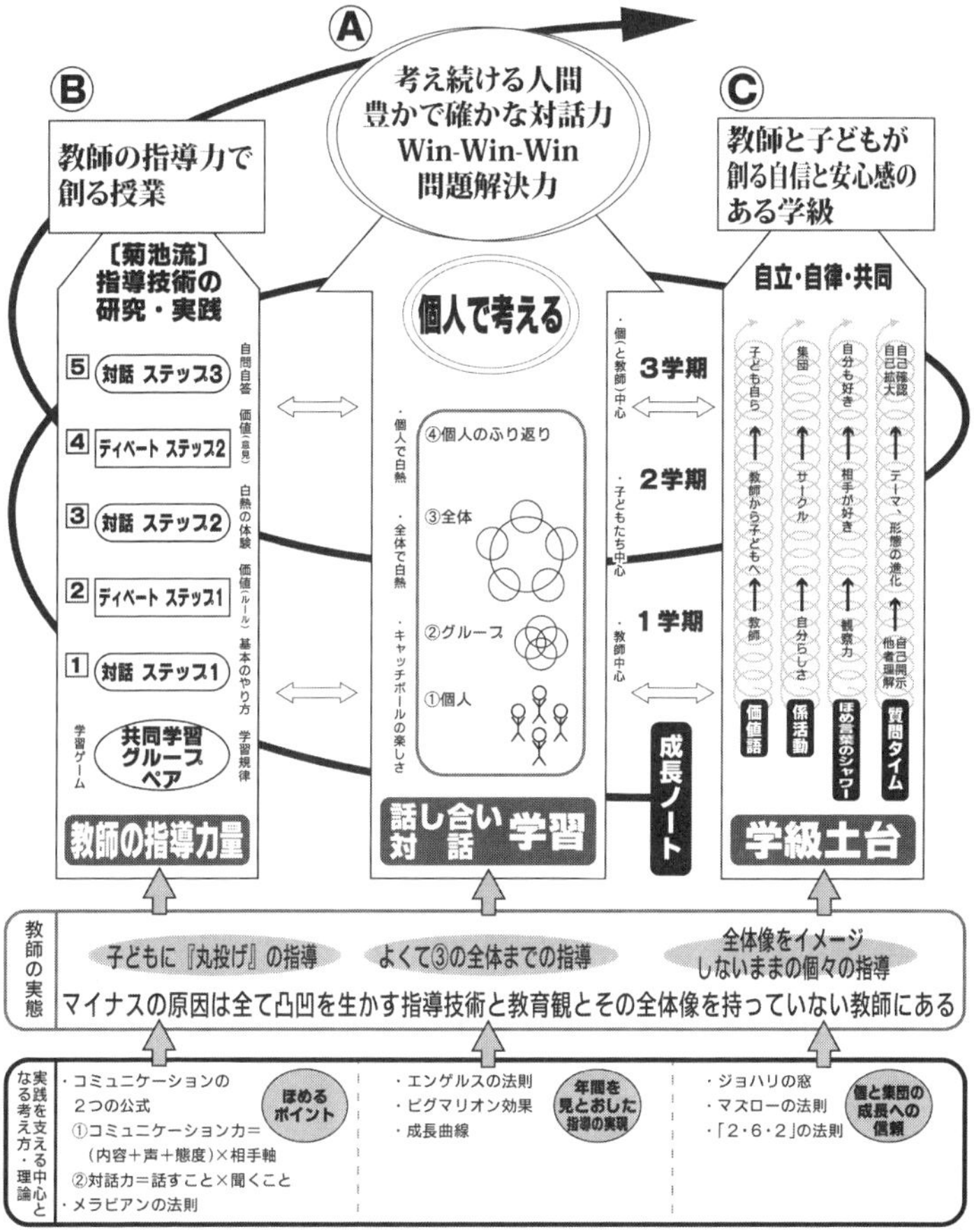

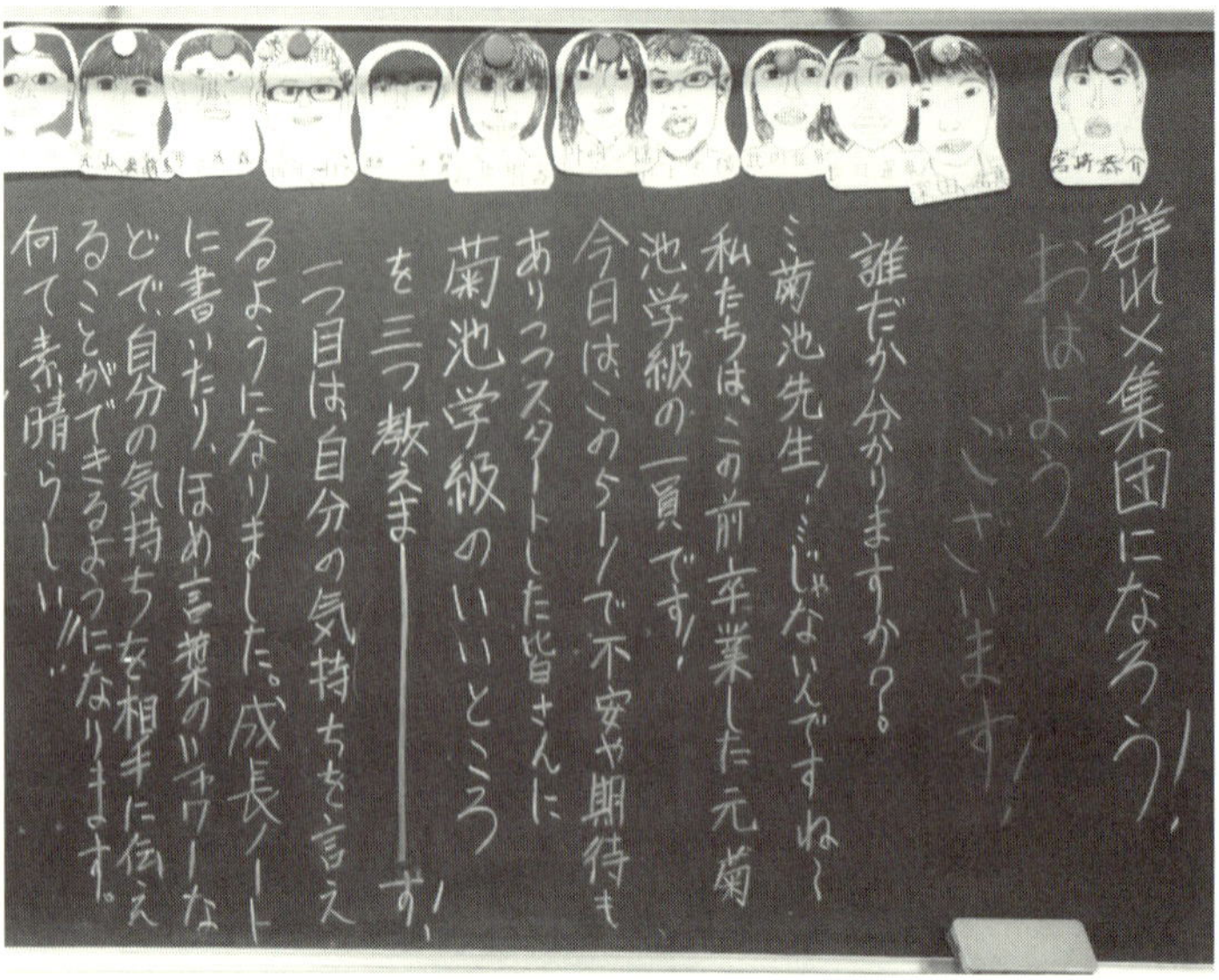

「プロフェッショナル　仕事の流儀」に共に出演した子どもたちからの卒業後のメッセージ黒板

まず、Cの部分の土台をきちっとつくる必要があるのです。その土台に授業を乗せていくのです。

私の中では、「プロフェッショナル　仕事の流儀」に出させていただいたことは、33年の教職生活の中の大きな思い出です。ただ、思い出に留めるのではなく、その中身を深読み、深掘りしていけばいくほど、多くの先生方の知恵を借りれば借りるほど、この番組の中に示されているものが、新たな教育観の創造という新しい領域に近づいていくことになるのではないかと期待しています。学校にとどまらない、社会全体の力で、未来の子どもたちを育てることを、責任ある大人たちの共通の仕事としたいと思っています。

そもそも、何のために学ぶのかというこ

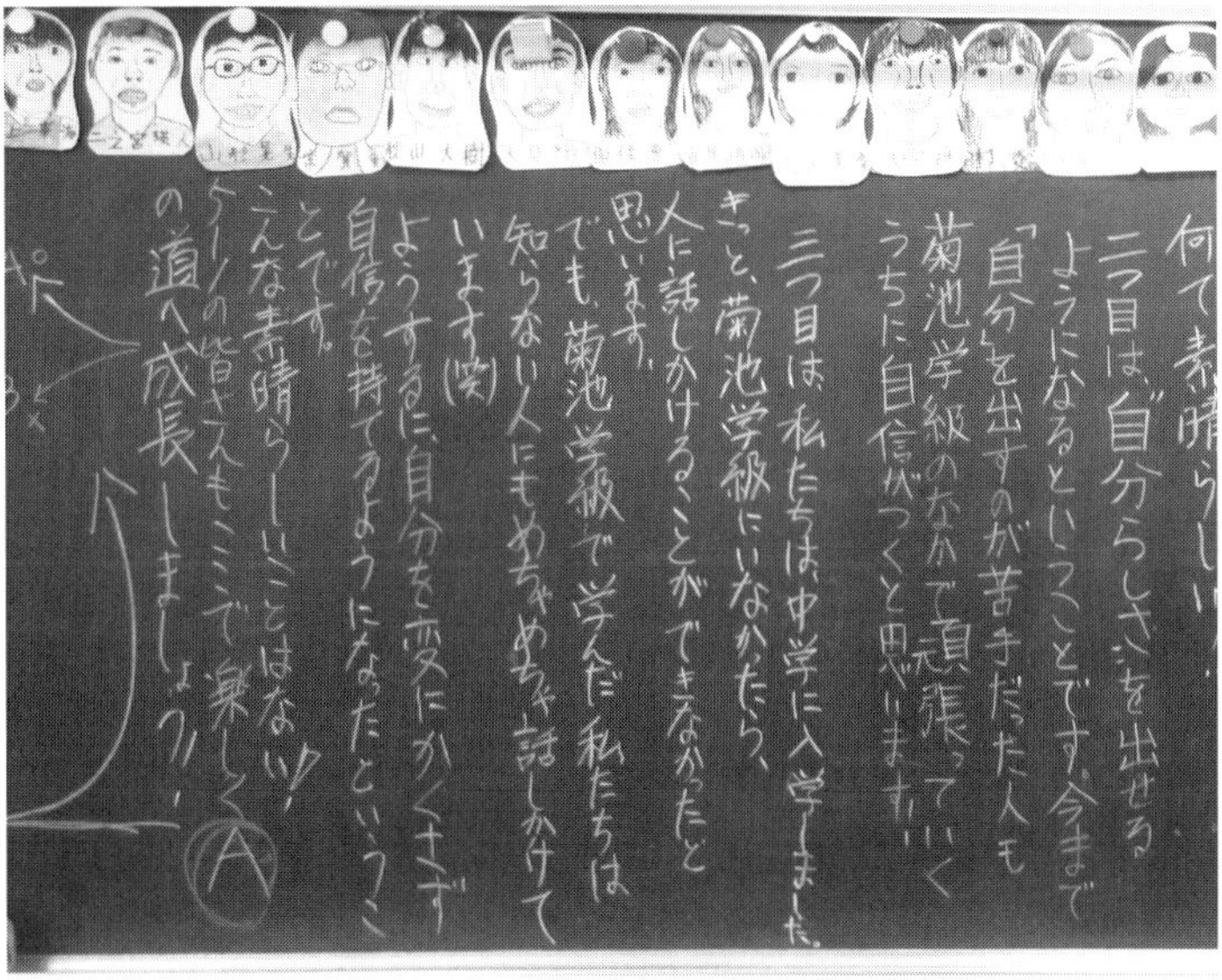

とを、この後、四国四県の様々なお立場の人たちから提案していただきます。「何のために」という「目的」の部分がしっかりしていなくては、教育として本物ではありません。先ほどの「試案」でお示しした「A」の部分です。教師の一方的な一斉指導型で知識を注入する授業のスタイルから、自らが学び合う、学んでいく、考え続ける、そういった人間を育てていくための授業に、今度は本気で変えましょうと提案しているのです。

そして、同時に、教室の中の一人も、学校の中の一人も、地域・社会の中の「一人も見捨てない」という眼差しだけが、今の現代社会をより良くしていく方途だと確信しています。

第三章　言葉の力を信じて成長させる

堀井　悠平

菊池先生との出会い

私は2014年（平成26年）3月に大学を卒業し、4月より徳島県で小学校の教員になりました。菊池先生との出会いは、私が大学4年生の秋のことです。ちょうど、教員採用試験の合格通知をもらって、これから4月に向けてどうしようかと考えていたときのことです。私は、大学3年生の頃から、学生ボランティアとして大学近くの小学校に行き、支援の必要な学級のサポートに入っていました。その学級には、授業中立ち歩く子や、はさみを持って紙を細かく切り刻む子、そして、友達の学習を邪魔する子などがいて、授業の進行を妨げていました。担任の先生は、大学を卒業したばかりの臨時の教員でした。授業中は、支援の必要な子の対応に追われ、授業が中断されることがしばしばありました。私は、とにかく支援の必要な子に対して、叱りつけることでどうにか授業を受けさせようとしていました。しかし、なかなかうまくいきません。ある日の放課後に、その学級の担任が、どうして学級がこのような状態になったのかを話してくれました。

「1学期の初めのうち、子どもたちは言うことをよく聞いていました。授業も成立していました。だけど、子どもたちに嫌われるのが怖くて、叱ることができなかったんですよ。そしたら、だんだんと馴れ合いになってきて……。これはいけないなと思って叱るようになったんですけど逆効果でした」

その言葉を聞いて、私は学級開きにがつんと叱りつけて子どもたちになめられてはいけないなと考えました。それが学級崩壊を防ぐ策であると本気で考えていたのです。一緒に学生ボランティアをしていた大学の友達とも、そのような話をしてお互いに納得をしていました。だから、その後も支援に入る学級の子どもたちになめられないようにと、厳しく怒鳴りつけることもありました。しかし、思いとは裏腹に、子どもたちは私に反発するようになりました。

「どうしてだろう。何で言うことを聞かないんだろう」

私は、自分の指導のどこがいけないのか分からずにいました。同時に、来年の4月から教師としてやっていけるのかという不安に襲われました。

そんなある日、小学校の教師を目指して勉強している高校時代の友達に、自分の抱える不安や悩みを相談しました。すると、その友達が大学の講義で、NHKの人気番組「プロフェッショナル 仕事の流儀」に出ていた小学校教師のDVDがすごくよかったという話をしてくれました。そして、一度見てはどうかと勧めてくれました。早速、家に帰りインターネットで「NHKプロフェッショナル小学校教師」と打ち込み、検索をかけました。すると、検索されたページの一覧に、

「菊池省三」

という名前が、ずらりと並びました。そして、インターネット上に上がっていたプロフェッショナルの動画を見ることにしました。そこには、4月当初マイナスからスタートした学級の子どもたちを、ひたすらほめることで変容させていく菊池先生の様子が映されていました。番組の途中で菊池学級名物「ほめ言葉のシャワー」が紹介されました。プラスの言葉で、主人公の友達のよいところをほめていく映像を見て、私は、

「あっ、これだ」

と感じました。

「菊池先生は、大変な学級の子どもたちの良いところを認めてほめている。やはり子どもたちは、ほめられることが嬉しいし、自信にもなるんだ。次にボランティアに行ったときに、子どもたちの良いところを見つけてほめてみよう」

と考えました。

そして、その後のボランティアで、子どもたちを怒鳴りつけず、思い切ってほめてみることにしました。いつもは厳しく怒鳴られていたのに、人が変わったように優しくほめられるようになって、最初は疑いの目で私を見ていました。しかし、何日かほめることを続けているうちに、少しずつ子どもたちから私にいろいろな話をしてくれるようになりました。ほめたことで少し安心感をもってくれたのかなと思います。

学生時代に、菊池先生のご実践に出会い、実際に子どもたちをほめることができたのは、教壇に立つ前の私にとっては、貴重な経験になりました。また、4月からは菊池先生のほめ言葉のシャワーをしようと考え、書店で「小学校発！　一人ひとりが輝く　ほめ言葉のシャワー（日本標準）」を買い、読むことができたのも幸運なことでした。

そして、この菊池先生との出会いで、私はあることを思い出しました。それは、

「言葉の力で自分や集団が変わっていく」

ということです。私が高校3年生の夏に野球をとおして確信した「言葉の力」が、菊池先生のほめ言葉のシャワーのご実践の様子を見て蘇ってきました。

言葉の力を体感した高校時代の経験

(1) 勝ちきれない悔しさを味わった2年間

大の野球好きの父親の影響で、私は小さい頃から毎日のように白球を追いかける野球小僧でした。小さい頃から、甲子園に出場してプロ野球選手になることが、私の夢でした。

2009年高校3年生の夏、私は、小さい頃からの夢だった甲子園に出場することができました。母校の創立以来、初の甲子園出場でした。私の母校は、県内有数の進学校で、毎年のように国公立大学や難関私立大学へと多数進学しており、勉強と部活動の文武両道をモットーとする高校でした。そんなチームがどうして甲子園に出場することができたのか。それは、「言葉の力」でチームが変わったことが大きく影響しています。

母校は、創立して10年ほどの新設校でした。野球部も創部して10年目の若いチームです。しかし、毎年徳島県のベスト4に残るぐらい実力のあるチームでした。ですが、私が入部して以降はというと、有力なメンバーが揃い、実力があっても、甲子園をかけた大会で勝ちきれないということが続きました。しかも、試合終盤まではリードしているにもかかわらず、ことごとく終盤にミスが続き、逆転されるというパターンでした。練習試合では、県内外の強豪校に勝つなど結果を出すことができます。しかし、大会になると本来の実力が出せません。公式戦になると、チーム全体が「また逆転されるのではないか」とネガティブな考えをもつようになりました。

先輩たちの最後の夏の大会、2回戦は県内の強豪チームとの対戦でした。試合は、両チーム拮抗したまま、同点で9回裏の私たちの攻撃を迎えます。そして、1アウト3塁のサヨナラの大チャンス。打席には4番バッターが入ります。4番バッターが打った打球はセンターへ。誰もが犠牲フライで1点入ると確信していました。しかし、この日は風が強く吹いており、打球が大きくおしもどされ、浅いセンターフライになりました。それでも果敢に3塁ランナーはスタートを切りますが、ホームで刺されてタッチアウト。ダブルプレーでサヨナラのチャンスを生かすことができません。試合は延長戦になりました。1点入ると確信していた私たちは、ショックを隠せません。そして、延長10回の表、先頭バッターがサードへゴロを打ちました。すると、サードの選手が捕球する直前のバウンドで大きく跳ね上がり不運なかたちでランナーが出塁します。先ほどの攻撃のこともあり、私たちのチームには重たい雰囲気が流れていました。

「気にするな、だいじょうぶだぞ」、「どんまい、どんまい。ここから切り換えていこうぜ」

といった、励ましの言葉かけもなく、チーム全体が不安な空気に包まれていました。

その後、その悪い流れを引きずり、2点を奪われました。そして、反撃及ばずに先輩たちの夏は終わりました。

よくスポーツの世界では、勝ちぐせ、負けぐせがつくと言いますが、私たちのチームには、負けぐせがついていたように思います。

(2) チームの運命を変えたメンタルトレーニング

いよいよ私たちが最高学年になりました。私は、新チームで副キャプテンを任せていただきました。キャプテンとともに、チームを変えたい、自分がチームを引っ張っていくんだという覚悟をもったことを、今でも覚えています。

夏が過ぎ、春の甲子園をかけた秋季大会が始まりました。私たちのチームは、順調に勝ち上がり準決勝へと駒を進めました。ここで勝てば、四国大会に出場できます。母校は創部以来、四国大会に出場したことがありませんでした。準決勝の対戦相手は、県内で強豪の商業高校でした。試合は、序盤から相手に主導権を握られコールド負け。3位での出場をかけた3位決定戦でも敗れ、四国大会の出場、春の甲子園という夢が絶たれてしまいました。

「どうせ、進学校のチームが甲子園出場なんて……」

そんなふうに思っていたような気がします。今考えると、チームに対する肯定感が下がっていたように思います。秋の大会も終わり、野球のオフシーズンの冬になりました。高校野球は冬のある時期から春まで練習試合などの対外試合が禁止されます。そこで、その間は、走り込みで下半身の強化を図ったり、筋力トレーニングで筋力や体力を高めたりしています。

そんな冬のオフシーズンに、私たちのチームの運命を変える取り組みがスタートしました。それが、メンタルトレーニングです。たまたま、私たちのチームのマネージャーの母親が、メンタルトレーニングに関わる仕事をされていました。そして、これまでのチームの現状を踏まえて、少しでもチームの雰囲気が変わってほしいと、週に一度指導に来てくれました。

初めてのメンタルトレーニングの日のことです。その日に言われたコーチの一言が、今でも印象深く記憶に残っています。まず、トレーニングの初めに、

「この秋の大会、自分たちは甲子園に出場ができるチームだと思った人はいますか」

と聞かれました。そして、「思えた、思えなかった」のどちらかに手を挙げることになりました。その結果、27名の部員のうち出場できると思った部員は、わずか5人。残りのメンバーはみな、甲子園に出場できるチームではないと答えました。私もそのうちの一人でした。

「やっぱり、みんなもそう考えているよな」

と、少し安心した自分がいたような気がします。

するとコーチが、

「どうして、自分たちが甲子園に出場できるチームではないと言えるの」

と問い返してきました。

「まだまだ、甲子園に出場できる実力がないです」

「大事なところで、やられてしまうからです」

部員からはマイナスの言葉が続きます。

ひととおり意見を聞いたコーチが、私たちに語りかけてくれました。

「どうして自分たちが甲子園に出場できないと決めつけるんですか。自分たちで限界を決めている限り甲子園に出場することはできません。実力がある、ないではなくて、まずは、自分たちの夢を信じることが大切です。甲子園に出場すると周りの人たちに言ってください。笑われようが関係ありません。本気になれば周りも変わります」

私はこの言葉にはっとしました。今まで自分は甲子園に出場したいという夢を持ちながら、勝手に自分の心に限界をつくっていたということに気付きました。

この日を境に、私たちは甲子園に出場するということを学校の友達や先生、家族にも堂々と語るようにしました。さらに、メンタルトレーニングを続けていく中で、言葉を大切にするようになりました。

メンタルトレーニングでは、次のようなことに取り組みました。

1 自分たちの夢を堂々と語る。もしくは文字にして書く。
2 「ありがとう」を言う。
3 力を抜いて、気を出す。（力まずに、胸からオーラを出す。）

夢や目標を周りの人たちに言うことで、少しずつ変わっていくことがありました。これまでは、家

族や周りの友達も

「今年もベスト4ぐらいまではいけるよね。でも、あとひとつがなかなか勝てないだろうね」

とネガティブな言葉を言っていました。しかし、私たちが、

「今年こそは絶対に甲子園に出場するけん。応援してよ」

と言い続けていると、少しずつ周りの人たちがその夢を応援してくれるようになりました。

「最近野球部がんばってるね。絶対に甲子園に行ってね」

今までネガティブな言葉ばかりを言っていた周りの人たちが、ポジティブな言葉を使うようになっていったのです。その広がりは、私たちが実感として分かるほどでした。

それは、周りの空気を巻き込んで大きなうねりをつくって成長していく台風のようでした。いつの間にか私たちの夢が、みんなの夢になっていったのです。

チームも変わりました。自分たちの夢を、語ることはもちろんですが、練習中や試合でエラーをしてしまったときに、

「気にするな。これでダブルプレーにできるチャンスができた。ありがとう」

と、ミスをもポジティブにとらえ、全員でフォローし合えるようになったのです。試合終盤になると、また逆転されるのではないかと、不安や恐怖があふれていたチームは、見違えるほど明るくポジティブな集団に生まれ変わりました。

（3）甲子園出場をかけた最後の夏

そして迎えた、甲子園出場をかけた最後の夏の大会。私たちの高校は、ノーシードから甲子園出場に挑むことになりました。この大会が始まる前から、

「なんだか、甲子園に行けそうな気がする」

という根拠のない自信がありました。後々チームメイトに聞いてみると、全員が私と同じような気持ちになっていたようです。また、面白いことに保護者の方々や高校の友達も同じように思っていたようです。

先日、父親と当時の話をしていました。そのときに、

「あのときは、チーム全体が絶対に甲子園に行けるぞっていう雰囲気になっていた。試合を見ている保護者も全員がそう思っていたよ。だから、試合でどれだけリードされていようが、逆転できるだろうと安心して見ることができたし、スタンドに一体感があったわ」

と言っていました。

この話を聞いて、「言葉の力」が大きなうねりを出してチームに一体感を生み出していたのだと思いました。

チームは、1回戦からすべて逆転勝ちで順調に勝ち進んでいきます。私は、3番・センターとして試合に出場していました。

そして、勝ち進むごとに、相手チームにリードを許しても、心に余裕をもってプレーができるよう

になりました。その時に、集団に対する安心感は、個を動かす原動力になると実感することができました。これは、スポーツの世界のみならず教育の世界においても、同様のことが言えるのではないでしょうか。

私たちのチームは、決勝戦まで全試合逆転勝ちで決勝戦へと駒を進めました。

2009年7月28日、小雨が降る中での決勝戦となりました。対戦相手は、MAX148キロのストレートと切れ味鋭いスライダーを武器にする県内ナンバーワン投手を有する高校でした。この投手を打ち崩すのは難しい。1点を争う戦いになるだろうという見通しのもと試合に臨みました。試合は、まさに予想通りの展開になります。9回までお互いに無得点。両チーム1安打ずつの緊迫した投手戦になりました。9回になっても試合は動かず、延長戦に突入します。

延長に入り、試合が少しずつ動き始めます。そして、延長11回の表の相手チームの攻撃、1アウトからデッドボールでランナーが出ます。次のバッターは、好投を続ける相手投手。バッティングもぴかいちの選手です。その選手がセンター前にヒットを打ちます。1塁ランナーは2塁を蹴って一気に3塁へと進塁を試みます。センターを守っていた私は、三塁へは間に合わないと判断し、中継に入っていたショートへ返球しようとボールを投げました。しかし、雨の影響でビチョビチョに濡れたボールで手元がすべり、中継の頭を越え直接サードの選手へと送球がいきました。それを見て、バッターランナーが2塁へと進塁しようとします。サードの選手はすかさず、セカンドへと送球をしました。しかし、先ほどの濡れたボールの影響で、セカンドへの送球が大暴投になり、3塁ランナーがホームへと返ってきました。延長11回の表、守備の乱れで両チーム初めての得点が入りました。エラーでの失点。これまでだったら、ここで終わっていたのかもしれません。しかし、チームメイトを始め、スタンドの保護者は土壇場で得点を入れられたにもかかわらず、

「やっと先制点が入った。これでうちの戦いができる」

と考えたようです。その後のピンチは、好守備で何とか乗り切り、11回の裏、最後の攻撃を迎えます。ベンチに帰ると、先ほどエラーをしたサードの後輩は責任を感じ、涙を流していましたが、そのほかのチームメイトは笑顔で、

「まだいけるぞ。ここから、ここから」

と出迎えてくれました。

絶体絶命の最後の攻撃、先頭バッターがライト前へのヒットで出塁します。その後、フォアボール、送りバント、デッドボールなどでツーアウト満塁、この日最大のチャンスをつかみます。打席には、先ほどエラーをした2年生の子が入りました。私は、ネクストバッターサークルでその様子を見つめていました。

「俺に回してくれ」

そんな思いで後輩の打席を見守っていました。すると、甘く入ったストレートをはじき返しセンター前に落ちるヒット。土壇場で同点に追いつきました。

なおもツーアウト満塁のサヨナラのチャンス。私が打てば甲子園出場です。これまでの打席では、ス

第91回全国高校野球選手権大会での堀井悠平選手（写真提供：朝日新聞社）

トレートにタイミングが合っていませんでした。

「高めに浮いて来たスライダーを狙おう」

そう決めて打席へと入りました。初球、2球目はストレートが外れボール。その後、ストレート2球を見逃しとファウルでカウントツーストライク、ツーボール。

追い込まれると、普通は速いストレートに反応できるよう、ストレートのタイミングに合わせて変化球に対応しようとします。しかし、このときなぜか、スライダーが高めに浮いてくるような気がするという直感がありました。そして、ストレートが来たらそれはしょうがないと腹をくくり、バットを構えました。

ピッチャーが高く足を上げ、指先からボールを放ちました。すると、私がイメージしていた高めのスライダーがきたのです。

そこから自分がどう打ったのかは分かりません。

気がつけば私は、1塁ベースの近くでチームメイトの歓喜の輪の中にいました。高めのスライダーをはじき返し、レフト前へのサヨナラタイムリーヒットで初の甲子園出場の切符を手にすることができたのです。

今改めて思います。それは、私たちのチームが甲子園に出場できたのは、チーム全員が「言葉の力」を信じ、ひたむきに取り組んできた成果だということです。そして、言葉の力によって周りをいい意味で巻き込み、大きなうねりをつくることができたこと、それが一体感となり、プラスの力が一つに集結したこと。

この甲子園出場で学んだ「言葉の力」は、現在の私の学級経営にも大きく影響を与えていることは間違いありません。

教育観の転換　～大学時代～

高校卒業後は、体育の教員を目指して大阪の大学へと進学しました。体育の教員を目指すきっかけは、高校時代、甲子園に出場はしたものの、1回戦で敗退してしまい、甲子園で勝てなかった悔しさがあったからです。どうしても勝ちたいという気持ちがあり、指導者となってもう一度甲子園を目指したいと考えました。

大学は、中学校・高校の体育教員の養成でしたが、同時に他大学の通信教育で小学校の免許も取っていました。もとは、小学校の教師になりたいという夢を持っていたので、これから先何があるか分からないから一応取っておこうという気持ちから通わせてもらっていました。

私が大学3年生の頃、大阪府の公立高校のバスケット部員が体罰により自殺するという事件が、メディアに大きく取り上げられていました。私の大学は大阪にありました。その大阪で起きた事件です。当然のごとく、体育の教員を養成する私の大学でも、体罰問題について講義などで繰り返し取り上げられました。

勝利至上主義に走り、結果を求めるあまり、体罰をする。または、これまでの指導法の一つとして、未だに体罰が指導者の中に息づいていることが問題であるという話を何度も耳にしました。

私はこれまで少年野球から高校野球をする中で指導者に恵まれ、報道されているような体罰を受けたことがありませんでした。しかし、大学の友達に体罰について話を聞いてみると、驚愕の事実が次々と出されてきました。そして、恐ろしいことに体罰を受けていたにもかかわらず、その友達は声を揃えて、指導者のことを尊敬している、厳しく指導をしてくれて感謝していると言うのです。私は、これらの話を聞く中で、日本の部活動における指導の危うさを感じ始めました。そして、大学の講義や、メディアによる報道を聞く中で、改めて自分がやりたいことは何なのか自問自答をするようになりました。

そこで、自分自身が果たせなかった夢を成し遂げたいという利己心だけで、指導者になろうとしているということに気付きました。これでは、私も体罰による事件と同じように勝利至上主義に走り、子どもたちに辛い思いをさせることになるのではないかと考えるようになりました。

この頃、同じくして通信教育で小学校の免許を取ったり、大学の近くの小学校にスクールサポーターとしてボランティアに行ったりしていました。そして、次第に小学校の教師になるか、高校の体育教師になるか、今後の進路について悩むようになりました。教員採用試験を半年後に控えた頃でした。

教員採用試験の出願ぎりぎりまで悩み、小学校の教員になろうと決心しました。悩み抜いた末に小学校の教師を目指そうと決断した理由は2つあります。

1つ目は、小学生というスポンジのように何でも吸収できる時期に、大きな夢をもって努力する大切さを伝えたいと考えたからです。2つ目は、言葉の力を信じて成長させたいと考えたからです。プラスの言葉かけを教室に増やし、高め合える集団をつくりたいと考えました。これらのベースになっているのは、私の場合は、やはり野球での経験です。高校3年生の夏、チーム全体が同じ目標を掲げ、プラスの言葉かけによって大きなうねりをつくったあの一体感を、小学校の学級でも同じようにつくれるのではないかと考えたからです。

同じ学級目標に向かって、言葉を大切にしながら、支え合い、競い合いをし、一体感をつくり出す。その感覚を子どもたちにも味わってほしいと考えました。

また、私は小学校の頃からよく先生や野球の指導者に叱られていました。もちろん自分の成長のために言ってくださっているということは、当時も分かっていたつもりです。しかし、同時に、ほめられたという記憶がほとんどなく、当時は自分自身に自信がもてずにいました。自己肯定感がすごく低かったと思います。そして、大人になってからもこれらの経験から自信をもてずにいる自分がいます。自信がないからこそ、練習したり勉強したりできるということもあるかもしれませんが、素直に

「もっとほめられたかったな」

という気持ちをもっていました。そんな反面教師的な考えから、私は怒鳴りつけたり、とことん追い込んだりするような教育観をもつことはありませんでした。どうしてそこまで怒鳴らなければいけないのか、なぜとことんまで追い込んで、人格を否定されなければいけないのか、ずっと疑問に感じていました。

だからこそ、菊池先生の出演された「プロフェッショナル　仕事の流儀」を見たときに、自分の目指すべき教師像がはっきりしたのかもしれません。

そして、このような自分の体験から、ほめることで子どもたちに自信をもたせ、言葉の力で個や集団を成長させたいという教育観をもつようになりました。

このように、私の教育観のベースには、これまで野球を通じて学んだことが軸になっていることは間違いありません。

そして、運良く徳島県の教員採用試験にも合格し、小学校教員としての第一歩を踏み出すことになりました。

1年目での菊池実践

(1) 菊池実践のスタート

2014年4月、私は小学校の教員としてスタートを切りました。3月までは大学生をしていたのに、4月からいきなり小学校の教師です。期待とともに、大きな不安をもっていました。

「自分に学級担任が務まるのであろうか……。」

そんなときに、新しい出版社である中村堂から1冊の本が出ます。それが、中村堂の記念すべき一冊目「コミュニケーション力あふれる『菊池学級』のつくり方」(菊池省三・菊池道場)という本です。

大学時代に菊池先生の「プロフェッショナル　仕事の流儀」を見て、4月からほめ言葉のシャワーをやろうと決め、本で勉強をしていました。このときは、菊池先生=ほめ言葉のシャワーだとそう考えていました。したがって、ほめ言葉のシャワー以外の菊池先生のご実践が書かれているという事実が、私にとっては衝撃でした。早速、本を購入し春休み中に一気に読破しました。そして、右も左も分からなかった私は、

「この本に書かれている菊池先生のご実践を、自分なりに真似してやってみよう」

と、単純な気持ちで菊池実践を始めることに決めました。今考えると、教師になりたてで、いい意味で怖い物知らずだったからこそ、実践しようという気持ちになれたのかもしれません。

自分が初めて赴任した小学校は、全学年単学級の小規模校です。1年目は、3年生22名の担任にな

りました。私が新任ということもあり、大変落ち着いた学級を担任させていただきました。始業式の日のことです。初めて子どもたちと出会ったとき全員の視線が私に集まりました。きらきらと輝く子どもたちの視線に耐えきれず、次の授業までの空き時間は、読書をさせることにしました。すると、驚くぐらい教室が静寂に包まれました。学生ボランティアや教育実習でいろいろな学級に入らせていただきましたが、ここまで静かに読書をするクラスは初めてで、反対にこちらがそわそわしてしまうほどでした。それほどに、落ち着いた学級だったのです。

その後、一人ひとりに自己紹介をさせることにしました。名前と、好きな食べ物、みんなへの一言という自己紹介でした。堂々と自分のことを紹介する子がいる反面、目線が下がり、声が後ろまで届かない子どもたちがたくさんいることに、また、衝撃を受けました。

「聞こえません。もう一度言ってください」

子どもたちからトゲのある言葉が飛んできます。その言葉を受け、余計に話せなくなり、今にも泣き出しそうな子もいました。

そのときに、全体的に落ち着いているが、自信がない子どもたちがたくさんいることや、一人ひとりがばらばらで集団にはなっていないということなどを感じました。

私自身小学校の頃から、自信をもてずにいたので、この子たちの気持ちがよく分かります。だからこそ、素直に、

「この子たちが自信をもって、堂々としゃべることができるような集団をつくりたい」

と考えました。やはり、自信をもたすためには、ほめることが大事だと考えました。

しかし、いきなり「ほめ言葉のシャワー」をするのは難しいだろうなと考え、まずは話し方や聴き方の指導を繰り返し行いました。

黒板の上にラベリングやナンバリングでの発表の仕方を掲示し、発表のモデルを示しました。繰り返すうちに少しずつ話し方の型に馴染んできました。そして、ある程度話せるようになると、その型にほめ言葉を入れて発表させていきました。まずは、ペアでお互いの良いところを見つけて発表していきます。その後、グループの友達の良いところを見つけて発表させました。3年生の学級の子どもたちは非常に素直で、初めは照れながらも、だんだんとほめることに抵抗がなくなってきました。

(2)「ほめ言葉のシャワー」スタート

ゴールデンウィーク明けの5月初旬、第一巡目の「ほめ言葉のシャワー」をスタートさせました。ほめ言葉のシャワー初日、第一回目の主人公の子が教壇に立ちました。

「それでは、発表は自由起立で行います。始めましょう」

この一言で、なんと21人全員が立ち上がりました。私は、一部の子どもたちだけが立ち上がると予想していたので、本当に驚きました。

「みんな、ほめ言葉考えているの」

と聞くと、満面の笑顔で、

「はいっ」

と返事をしました。子どもたちは、ほめ言葉のシャワーが始まることを楽しみにしていたのです。このとき、私はこのクラスは絶対に変わると確信しました。

一巡目は、やはり似たりよったりのほめ言葉が目立ちました。そこで、出てきたほめ言葉を教室に掲示していく「ほめ言葉貯金箱」をつくりました。また、子どもたちのよい行為を写真に収め、その行為を価値付ける言葉（価値語）を写真と共に添えました。これが「価値語モデル」です。このように、子どもたちの成長に向けたプラスの言葉や行為を分かりやすく可視化しました。これらの取り組みを「ほめ言葉のシャワー」と連動していく中で、少しずつほめ言葉の語彙が増えていきました。

(3) 進化する「ほめ言葉のシャワー」

毎回「ほめ言葉のシャワー」が一巡終わると、「ほめ言葉のシャワーをレベルアップさせるために」というテーマで、話し合いを行いました。この話し合いを繰り返すうちに「ほめ言葉のシャワー」が少しずつ進化していきます。

「ほめ言葉のシャワー」のレベルアップ

1　握手＋「ありがとう」を言うようになった。

2　ほめ言葉を言ってくれている友達の近くに今日の主人公が近寄ってほめ言葉を聞くようになった。

「ほめ言葉のシャワー」の様子

3　四字熟語や価値語を使ってほめるようになった。
4　観察力が磨かれ、友達と違う自分だけのその子のいいところを発表できるようになった。
5　一人ひとりにほめ言葉の個性が出てきた。
6　ほめ言葉をメモする「ほめ言葉のシャワーノート」をつくる子が出てきた。
7　今日の主人公だけでなく、周りの友達も近くに行ってほめ言葉を聞くようになった。
8　お礼のスピーチで、学級の成長について3つあります発表をするようになった。

「ほめ言葉のシャワー」を続けていくうちに、少しずつほめることの良さについて子どもたちが実感し始めます。そして、普段の学校生活の中でも、ほめ合うという学級の雰囲気ができてきます。それが、少しずつ学級の安心感につながってきたのかなと感じています。

例えば、私が授業中に子どもをほめたとします。すると、何の指示をしなくとも自然発生的に大きな拍手と「いいね」という言葉かけが行われるようになりました。また、ペア学習やグループ学習でもお互いの意見を認め合う雰囲気ができていました。

学年末には、「ほめ言葉のシャワー」が自分たちの学級らしさだと言うようになりました。どうして子どもたちは、これほどまでに「ほめ言葉のシャワー」を大切にするようになったのか考えたことがあります。そこで考えたのは、「ほめ言葉のシャワー」によって、周りの友達が変容したという事実があるからではないかということです。4月当初に比べて、子どもたちの中で大きく変容したと感じる子が何人かいたのでしょう。

私自身、大きく変容したなと感じる子が何人かいました。その一人に、2年生まではカッとなって友達とよくけんかをしていた男の子がいます。その子は、自分の納得いかないことに対しては、断固として意見を曲げずに友達とぶつかっていました。これまでほめられるという経験がほとんどなかったのだと思います。トラブルを起こすたびに担任の先生や、保護者に叱られていたそうです。友達の中にも彼を少し敬遠しているような雰囲気がありました。

しかし、彼は、1回目の「ほめ言葉のシャワー」の日、友達からたくさんのほめ言葉を浴びました。おそらく、友達がこんなにも自分のことをほめてくれるとは思わなかったのでしょう。彼は、今までに見たことがないくらい嬉しそうな表情で、友達からのほめ言葉を聞いていました。この時の彼の表情が、今でも強く印象に残っています。

次の日から、彼の行動が少しずつ変わってきました。友達のことを思いやる行動や発言が出てくるようになったのです。その度に彼をほめていきました。成長しようとしている彼に、周りの友達も少しずつ理解を示し、トラブルが少しずつ減っていきました。

3年生の3月、彼の最後の「ほめ言葉のシャワー」の日、2年生までは彼といちばんトラブルになっていた男の子が、こんなほめ言葉をかけました。

「あなたとは、2年生までよくけんかをしていました。だけど、最近あなたはけんかをしなくなりましたね。4月と比べて成長していますね。思いやりをもって成長できる人だと思います」

そして、交わされた二人の握手。二人とも最高の笑顔でした。お互いに、これまでトラブルもあり、心に抱えるものがあったのでしょう。しかし、1年間の「ほめ言葉のシャワー」で成長した彼のことを認め、彼に最高のほめ言葉をプレゼントする。1年間「ほめ言葉のシャワー」をしてきて本当によかったと思える瞬間でした。同時に「ほめ言葉のシャワー」がもつパワーを感じさせられました。

「四国フォーラムでの発信　～子どもの変容（Yさんの1年間）～」

6月7日、香川県高松市のサンポート高松で「これからの新しい教育を考える　～挑戦！四国四県からの発信！～」というフォーラムが開催されました。四国四県の教員や塾の経営者、教育委員会、人材育成企業の社長がパネリストとして集まりました。私は、その一人としてこのフォーラムに参加させていただきました。

2年目の私に何が発信できるのか、フォーラムの前まで必死に考えていました。これまでの経験や知識では、フォーラムに来てくださる方々に到底かなうわけがありません。そこで、私は新任2年目で菊池実践をどのように実践してきたのか、そして子どもたちがどのように変容してきたのか、その事実を伝えようと考えました。

フォーラムでは、菊池先生がよくされているディベートと、菊池実践の象徴である「ほめ言葉のシャワー」での子どもたちの変容について発表させていただきました。

（1）子どもたちとディベートに挑戦！

3年生の3学期に「小学校にジュースの自動販売機を設置すべきである。賛成か反対か」というテーマでディベートを行いました。私は、ディベートについて本を何冊か読んで少しだけ勉強はしていましたが、実際どうなるのかという不安はありました。しかし、菊池先生がディベート型の討論を中心として授業をされているのには、何か教育的価値が存在するからだと考えていました。

この頃、私の学級では、授業で討論をするときに、たくさん意見は出てくるものの、それぞれが自分の意見を次々に発表するだけの話し合いになっていました。どうにか、友達の意見をつないで話し合いをさせたい。それが、今後友達とのコミュニケーションや、学級での話し合いにもつながるのではないかと考え、ディベートに取り組みました。

これまでに何度か菊池先生のセミナーに参加をして、菊池学級の子どもたちの様子を見る中で、菊池学級の子どもたちの対話力に驚かされました。自分の意見を言うことはもちろんですが、友達の意見に対して反論をしたり、自分の意見をつないだりしています。このような対話が成立する要因の一つとして、ディベートがあるのではないかと考えました。実際にやってみないと、ディベートのよさが分からないという考えから挑戦することにしました。

「小学校にジュースの自動販売機を設置するべきである」というテーマは、「プロフェッショナル仕事の流儀」にも取り上げられていたテーマです。

このテーマで始める前に、簡単な模擬ディベートを行いました。そのときから話し合いは白熱しており、早く本当のディベートをやりたいという声がたくさん上がりました。

そして、実際に始めてみると子どもたちは驚くほどディベートにのめり込んでいきます。班ごとに分かれて調べ学習をさせたのですが、本を読んでジュースに含まれているカロリーを調べる子、自動販売機の設置場所が危険ではないかと考え、自動販売機の大きさをメジャーで測る子がいました。さらには、おうちの人にお願いをしてジュース一本に含まれている糖分の量を、瓶に入れてきて立証しようとする子も出てきました。

子どもたちが主体的に調べ学習を進めていくので、私はアドバイスをするだけでした。ディベートはまさに、今、教育の世界で注目されているアクティブ・ラーニングではないかと考えます。

その後、調べ学習の時間を経て、実際に試合を行いました。子どもたちは、これまでに調べてきたことを必死に立証しようとしていました。しかし、突然予想もしなかった質問を受け、答えられないという場面もありました。ディベートには勝敗がつくので、当然負けてしまう班もあります。負けた班の子ほとんどが悔し涙を流していました。私は、悔し涙を流せるほど一生懸命に調べてきたことは本当にすごいなと思う気持ちと、その反面、これまで築き上げてきた友達関係を崩してしまうのではないかという不安な気持ちにかられました。それほど、負けた子どもたちが号泣していたのです。その日の放課後は、子どもたちに申し訳ないことをしたという思いでいっぱいになりました。

しかし、次の日のことです。学級会の議題箱に「第2回ディベート大会がやりたいです」と書いた紙が数枚入っていました。昨日負けて号泣していた子が書いていた議題提案カードでした。私は、「昨日、あれほど号泣していたのにどうして」

と不思議に思いました。そして、子どもたちに尋ねてみることにしました。すると、子どもたちからは、

「負けて悔しいからもう一度やりたい」

「泣いてしまってWin-Winの話し合いができなかったから。今度はお互いに笑顔の話し合いがしたい」

という意見が出てきました。

昨日考えていた私の不安は、子どもたちの意見で吹き飛ばされました。子どもたちは、私の想像以

第1回ディベート大会　調べ学習の成果

第1回ディベート大会　負けた子どもたちが号泣

第2回ディベート大会　終わって笑顔

第2回ディベート大会　抱き合って喜ぶ

上に友達同士の深い関係をつくりあげていたのです。

その後、第二回目のディベート大会をしました。一回目に比べて、子どもたちはスムーズに意見を述べ、試合を進めることができました。そして、何よりも勝敗がついてもお互いに笑顔で握手したり、抱き合ったりしていたのです。

勝ち負け云々でなく、友達と成長のためにディベートを楽しむという雰囲気が感じられました。そして、ディベートをやってみて、その教育的価値が少し分かったような気がします。

その後の、国語科「モチモチの木」の討論では、私のひとつの発問から子どもたちが意見をつないで発言し、話し合いの中で考え続ける子どもたちの姿が見られました。また、学級会においても、話の流れを考えて意見が出されるようになったと感じられました。このディベートを通して、子どもたちはもちろんですが、私自身の教育観にも大きな影響を与えてくれました。今後も、ディベートのもつ教育的価値について、さらに学び続けようと思います。

(2)「ほめ言葉のシャワー」でのYさんの変容

昨年度の3年生で担任した児童の中に、Yさんという女の子がいました。Yさんは、とても素直で、誠実な女の子でした。しかし、非常に大人しく、発表のときの声はほとんど聞こえません。Yさんが発表すると、

「聞こえません。もう一度言ってください」

という言葉が、毎回聞かれるほどでした。友達関係では、いつも大人しい女の子と二人で一緒にいるといった様子で、非常に限られた狭い友達関係の中で学校生活を送っていました。1学期の初めのことです。Yさんが1分間スピーチをすることがありました。緊張した面持ちで教卓の前に立ったYさんは、1分間一言もしゃべれずに泣いてしまいました。話す内容は考えているけれど、緊張してどうしても言葉が出てこないのです。聞いている友達からは、

「早く言ってください」

という声が出されていました。その時、Yさんのこともそうですが、周りの友達のYさんに対する言葉かけが気になりました。

そして、Yさんに大きな声で話せるようになってほしい、もっといろいろな友達とつながってほしいという思いをもちました。そのためにも、とにかくYさんの良いところをほめて自信をもたせようと心に決めました。

「ほめ言葉のシャワー」で友達からほめられるという経験を繰り返す中で、Yさんは少しずつ変わり始めます。ほんの少しですが、声が出るようになってきたのです。私は、Yさんが発表するたびに、

「口が大きく動くようになったね。みんなに声を届けようとするのが先生には伝わってきますよ」

「4月より、声のボリュームが『3』上がりました。これはすごいことです。拍手！」

と、何度もほめてきました。すると、Yさんも少し自信をもてるようになったのか、授業中に手を挙げて発言するようになりました。しかし、まだまだ近くに行かないと聞きとれないほどの声の大き

さでした。

　2学期の10月のことです。道徳の研究授業を行いました。「いのちのまつり」という絵本を題材にした授業です。教室には、校内の先生方をはじめ、私の同期の先生方も初任者研修の一環として見に来ていました。

　授業の中盤、考えを深める場面でYさんの手が挙がりました。堂々とした表情でこちらを見つめています。私は、思わずその姿を見てグッとこみ上げてきました。授業中、ほとんど発表ができなかったYさんが、大勢の先生方に見られている場で発表しようとしたのです。私は、ここがYさんを伸ばすチャンスだと思いました。そして、いったん授業を止め、

「みんな、Yさんを見てください。4月の最初の頃は、1分間スピーチで緊張してしまって話せずに泣いてしまいましたね。覚えていますか。そのYさんが、今たくさんの先生方が見に来ているこの場で、堂々と手を挙げています。先生は感動しました。まずは、Yさんの勇気に大きな拍手を！」

と言葉をかけました。Yさんに向け、子どもたちや見に来られた先生方から温かい拍手が送られました。そして、仕切り直してYさんを指名しました。Yさんは、いつもより少し大きな声で、堂々と自分の考えを発表しました。その姿に、再び教室に大きな拍手が響き渡りました。周りの友達がYさんの成長を認めた瞬間でもありました。

　この日を境にYさんは、授業中積極的に発表するようになりました。声の大きさもだんだんと大きくなっていきました。

そして、いつの日か、周りの友達からの、

「聞こえません。もう一度言ってください」

という言葉は聞かれなくなりました。

ある日、このことに気が付いた一人の子が、Yさんの最後の「ほめ言葉のシャワー」の日に、こう言いました。

「あなたは、1学期の初めにスピーチができずに泣いてしまいました。だけど今では、みんなから『もう一度言ってください』と言われなくなりました。成長しましたね」

周りの子どもたちの中にもYさんの変容が実感としてあるのでしょう。Yさんは、相手の目を見つめ、一人ひとりのほめ言葉を大事に聞いていました。

最後のお礼のスピーチ、Yさんは事前にメモしていたノートを片手に教卓の前に立ちました。そして、メモをほとんど見ることなく顔を上げて話します。


みんなが成長したなと思うことが、4つあります。

一つ目は、みんな拍手が自然に出るようになったと思います。理由は、みんなで拍手をやっていこうとしているからです。

二つ目は、みんなメリハリがつけられるようになってきたなと思いました。理由は、いい意味で仮面を付けかえられているからです。

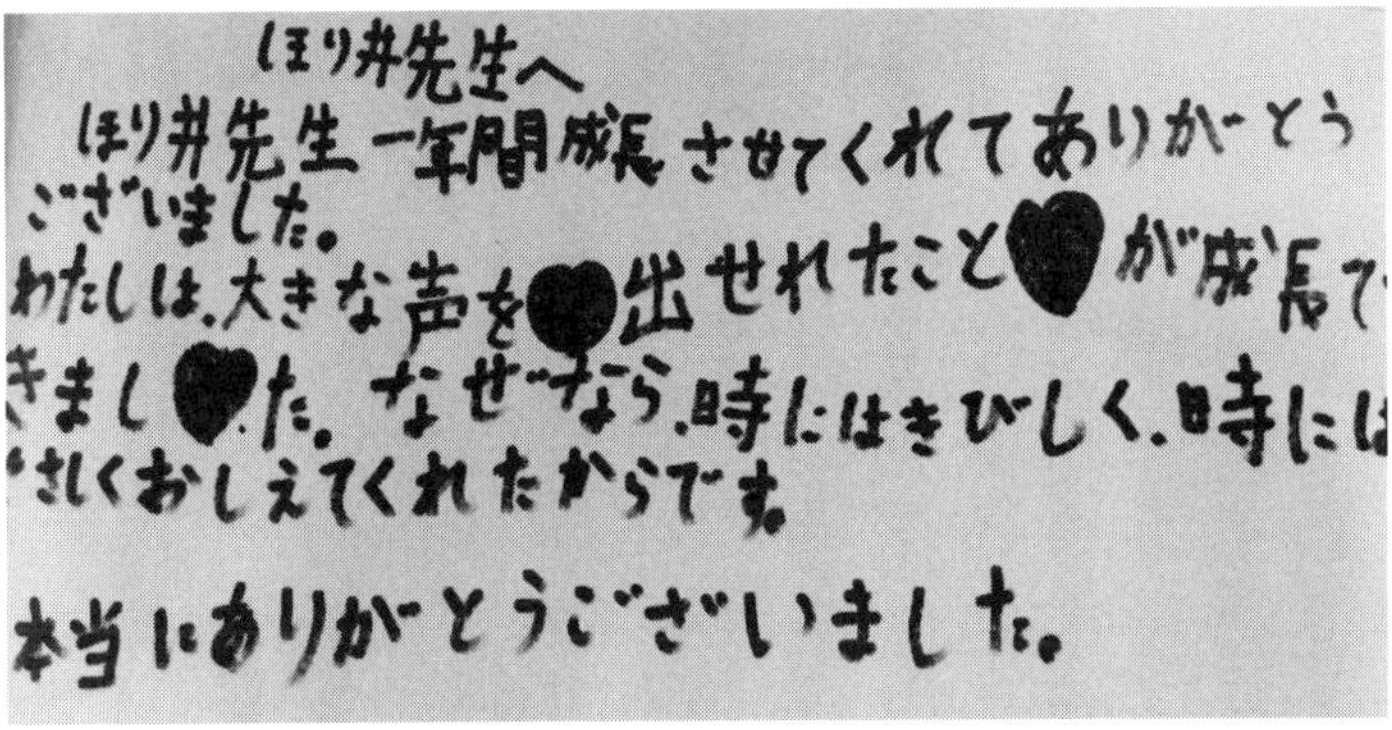
ほり井先生へ
ほり井先生一年間成長させてくれてありが－とう
ございました。
わたしは、大きな声を出せれたことが成長で
きました。なぜなら、時にはきびしく、時には
さしくおしえてくれたからです。
本当にありが－とうございました。

Yさんからの手紙

三つ目は、最近意見の理由付けに自分らしさが出てきたので、これからも続けていってください。

四つ目は、みんな心優しい人だなと思いました。理由は、相手軸に立って声かけができているからです。

今日一日ありがとうございました。

自分を成長させてくれた、友達への感謝のスピーチだったのかもしれません。

「集団が変われば個が変わる。個が変われば、集団が変わる」菊池先生がよく言われる言葉です。まさに、集団がYさんを成長させてくれました。そして、Yさんの成長が学級を大きく成長させてくれました。

3年生最後の日、Yさんから手紙をもらいました。私はYさんに何ができたかは分かりません。しかし、「ほめ言葉のシャワー」によって、Yさんが変容した事実は、自信をもって語れます。それは、子どもたちがお互いの成長を信じて1年間一生懸命歩んできた証だからです。私も、3年生の子どもたちからたくさんのことを学ばせてもらいました。本当に、幸せな1年間でした。

さいごに

菊池先生は、今年の4月にご退職され、全国の先生方に向けて、教育観について問われています。従来の、知識や技術を重視した教育観ではなく、子どもたちの成長や変容を重視した教育観こそが、これからの教育、これからの社会に必要だからです。

現在の私には、偉そうなことは言えません。しかし、子どもたち一人ひとりの成長を信じ、そのための努力を続けていこうと考えています。それが、今の私にできる「一人も見捨てない」ということだからです。

私は、「プロフェッショナル　仕事の流儀」を見て、菊池先生のご実践と出会いました。この菊池先生との出会いをきっかけに、今では、全国各地の同志の先生方と一緒に学ばせていただいています。今は、こうして同志の先生方とともに学ぶことが本当に楽しいです。

最後になりましたが、これからも、菊池先生のご実践が全国へと広がり、温かい教室が増えていくことを心から願っています。そのためにも、私はこれからも学び続け、日々の教室で起こる子どもたちの成長の事実をどんどん発信していきたいと思います。また、私たち若い世代の教師が、これからの教育のあり方について考え、日々の実践を通して新しい教育観を築き上げていきたいです。

第四章　信じ合う学校と教育委員会

乾　孝治

菊池先生との出会い

私は、1972年（昭和47年）に福岡県北九州市で生まれました。母の実家が北九州市でしたので、里帰りのため北九州で生まれたのです。その後は高知で育ち、大学卒業後、2年間講師をしたのち、中学校教員として採用されました。2010年（平成20年）から高知県独持の制度である研修指導員という立場で、いの町教育委員会事務局勤務5年目を迎えているところです。

菊池先生との出会いのきっかけは、2012年（平成24年）7月に放映されたNHK「プロフェッショナル　仕事の流儀」です。そのときは、素晴らしい先生だという感動と憧れだけで、遠い存在でした。それは、学校現場を離れて教育委員会事務局で勤務していたこともあると思います。しかし、ほどなくして菊池先生とお会いする機会が訪れました。そのきっかけは、当時、いの町教育委員会事務局で臨時職員として勤務されていた池田葉子さんのおかげでした。

その頃、町内において子どもとの関わりでしんどい思いをしている先生や学校がありました。そのような状況を見た池田さんが「なんとかしたい！」という思いから、私と同じく「プロフェッショナル　仕事の流儀」で知った菊池先生にFacebookを通じて連絡をとってくださいました。そのメッセージを受け取られた菊池先生が、「行きます！」とお返事をしてくださったそうです。

とはいうものの、池田さんの立場ではこれから先どのようにしていけばよいのかが分からなかったので、上司と私に相談がありました。2013年（平成25年）1月のことでした。私としては、すぐにでも来ていただきたかったのですが、当時から多忙な菊池先生でしたので、すぐに来ていただくことはできず、同年8月、いの町内の保育園・幼稚園・小学校・中学校・各教育関係機関の教職員対象研修会の講師としてお招きすることとなりました。

この研修会には高知県内の市町村教育委員会や高知県教育委員会事務局人権教育課にも参加を呼びかけ、町外からもたくさんの方が参加してくださいました。ここから、私が菊池先生からたくさんのことを学ぶことになり、全国で菊池実践をされている先生方と出会い、つながり、学びが始まりました。この日は、菊池先生にとっても10数年ぶりに高知に来られたのですが、この日から今日までの3年間で、10回以上高知県に足を運んでいただくことになるスタートの日にもなりました。

現在、私は主に教育委員会事務局で勤務しており、菊池実践を直接子どもたちに行うことができません。ですが、現場（学校）を離れているからこそ見えること、感じたこと、委員会事務局にいるからこそできることをお伝えしたいと思います。

研修指導員とは

最初に、高知県いの町教育委員会事務局の概要を説明します。２０１５年（平成27年）５月１日時点での事務局の構成は、教育長、教育次長以下、いの町役場の職員12名、臨時職員10名と私とで合計23名です。そのほかに、いの町教育研究所に勤務されている教員（研究主事）が2名います。私は、現職の前にはこの教育研究所に在籍しておりました。それぞれの研究主事が各自の研究テーマに沿って2年間研究を進めていくとともに、町教育委員会主催の町研部会の運営等を担当します。教育行政に直接携わることはありません。

一般的に教育委員会事務局は、その自治体の職員と教員籍である指導主事（充て指導主事※を含む。以下、同様）や社会教育主事等で構成されています。高知県では、県教育委員会事務局（教育センターを含む）と各市教育委員会事務局はそのように構成されています。

しかし、町村教育委員会には指導主事や社会教育主事は配置されておりません。その代わりに、昭和47年2月25日に高知県教育委員会で決定した「研修指導員設置要綱」によって、町村教育委員会には、高知県独自制度の「研修指導員」が配置されています。

「研修指導員設置要綱」は次のとおりです。

第1　公立小学校及び中学校（以下「公立学校」という。）における日々の教育実践の充実発展を図ることを目的に町村教育委員会へ研修指導員を配置する。
第2　研修指導員は、県費負担教職員（教諭に限る。）をもって充てる。
第3　研修指導員は、高知県教育委員会の指名により町村教育委員会が命ずるものとする。
第4　高知県教育委員会は研修指導員の指名にあたっては、あらかじめ町村教育委員会に協議するものとする。

第5　研修指導員は、所属町村教育委員会の命を受け、公立学校教職員の研修及び教育課程並びに学習指導についての助言又は援助に関する事務に従事するものとする。
第6　研修指導員の職務遂行のため要する旅費その他の諸経費は、当該町村の負担とする。
第7　研修指導員の勤務時間その他の勤務条件は、他の県費負担教職員と同様とする。
第8　この要綱の実施に関して必要な事項は、高知県教育長が定める。
附則　この要綱は、昭和47年4月1日から実施する。

この要綱により、私は「研修指導員」として、いの町教育委員会事務局で勤務しております。ただし、指導主事ではないため、所属校で授業もしています。一般的な教員の持ち時間数は平均すると20時間程度ですが、文部科学省（当時：文部省）との取り決めでその半分の10時間程度の授業をすることを基本として、研修指導員として町村教育委員会で事務に従事することが認められています。

研修指導員として

研修指導員は、籍が学校にあるため、所属校の入学式や卒業式、運動会等の大きな行事には参加します。しかし、直接的、継続的に子どもと関わる時間が少ないことが寂しいです。
一方、教育委員会事務局に勤務しているため、国や県の今後の動向や新しい施策等についての情報を伝達され、それを校長会等で周知することによって、自分の学びを深めることにもなります。

ほかにも、教育委員会や県教育委員会の指導主事等の管内の学校への訪問に同行もします。特に、指導主事等の訪問への同行は、素晴らしい授業を参観できる貴重な場面であり、指導主事等の指導・助言は、授業改善の視点やポイントについて学ぶ機会にもなっています。

さらに、現場を離れて学校を外から観ること、外から関わること、教育行政に携わることは大変貴重な経験となっています。現場では、あまり考えることがなかった様々な事業については、何かをするためには人が動き、それに伴ってお金が動くということを知りました。それぞれの教育施策は、目標を設定し、課題（現場のニーズ）を的確に捉え、目標と現状との差を解消すること（課題解決）に向けて必要な手立てを実施し、その効果と課題を検証し、更なる改善を目指して実施されており、それぞれに教育予算が設定されていることを実感しました。

各校の校長先生や教頭先生等管理職と関わる機会も増えました。管理職の先生方といろいろなことをお話しするなかで、それぞれの教育論などをお伺いすることは、たくさんの刺激と学びになります。それは、私に新たな視点を教示していただく機会でもあります。研修指導員となったことで、物事を多面的に見ることができるようになったように感じています。

そんな私が、菊池先生の「プロフェッショナル　仕事の流儀」を見て、菊池先生の「教育観」に触れてから考えたキーワードは、次の３つです。

① 教育の不易と流行
② 信じ合う学校と教育委員会
③ 教えることは教わること

それぞれについて、「プロフェッショナル　仕事の流儀」での印象に残っている言葉と共に、私の考えや実践を紹介いたします。

教育の不易と流行（教育の不易）

「プロフェッショナル　仕事の流儀」の冒頭で菊池先生が、学級の子どもたちに、
「漢字100点取るのも、計算100点取るのも大切だけど、そこに学ぶ強い心はありません」と話しかける場面があります。この「学ぶ強い心」が非常に大切だと思っています。

私たち公立学校の教員、公教育というものは、国の教育方針（教育基本法や学校教育法や学習指導要領等）があり、それらを基に各都道府県教育委員会が指針や施策を打ち出し実施します。公教育に関わる者としては、それに沿った教育をするというのが前提です。

この大前提を踏まえたうえで、私はこれからの教育において大切なことは「教育の原点回帰」だと思います。昔、大事にしていたもの、昔から大事にしていたものをもっと大事にしていかなければい

けないと思っています。つまり、教育における不易と流行の「不易」の部分が重要になると思います。

では、その「教育の不易」とは何かということになります。これについては、様々な方がいろいろな定義をされています。私の考える「教育の不易」とは「この社会の中の対人関係の難しさを生き抜くための振舞いを十分に身に付けさせること」です。これが教育の不易であり、教育の基本であると考えているのです。

そのために、何が子どもたちに必要なのか。それが「学ぶ強い心」であり、これをいちばん身に付けさせなければいけないと考えます。では、具体的に「強い心」とは何かというと、それは「自尊感情」だと思います。では、「自尊感情」をどのようにとらえるか。これも様々な定義があると思いますが、私は、「自分を受け容れること。そして、相手も受け容れること」だと思います。ありのままの自分を受け容れて、ありのままの相手も受け容れることが身に付くと、「コミュニケーション力」が付くと思うのです。

自分の言葉で話ができること、相手との意思疎通ができること、会話ができること。「コミュニケーション力」を身に付けることが大事だと考えます。それが「生きる力」を付けるということではないでしょうか。

私が教育において大事だと思っていることは、「長期的な成果」です。昨日今日勉強したことが全てではなく、学校教育で学んだことの成果は、数年、10数年後に出てくるものだと思います。たくさんの失敗や挫折や成功や達成感を繰り返し、学び続けてきたからこそ、私たち大人も「あのとき、先生に言ってもらったことがやっと分かった」ということがあります。これこそが、本来の教育の形であり、とても大事なことだと思います。だからこそ、菊池先生が言われていた「学ぶ強い心」を育てることが大切だと考えるのです。

「強い心」＝「自尊感情」＝「自分を受け容れ、相手も受け容れる」＝「コミュニケーション力」＝「生きる力」

教育の不易と流行（教育の流行）

教育にも流行があります。この流行は、社会情勢や生活環境の変化や、世間（社会）が教育に求めるニーズによって変わってきます。最近では、ＩＣＴ教育の充実、理数教育の充実、外国語（英語）教育の充実などいろいろあります。このことについて「プロフェッショナル　仕事の流儀」で菊池先生がおっしゃったこの言葉が、当てはまるのではないかと思います。

「新しいところに行こうとしたらだめだったから、元に戻るっていうか、それっていうのは、今までと同じだろうと思うんですよね。結果うまくいかなくても自分の中で新しい自分を見つけていく難しさとか、おもしろさとか、大変さとか感じることができて、今まで自分がとらえていたことを越えるということですよね」

これは、菊池先生が子どもの成長について語られている場面です。しかし、これは私たち教員にも当てはまると思います。やはり教員自身が、自分の中で新しい自分を見つけていく難しさとか、面白さとか、大変さなどを感じることで、今までの自分を変えていく。つまり、教員は「流行」、その時代で教育に求められているものをしっかりと把握し、それについて深く学んでいく必要があると思います。自分自身が学生時代に学んだことがないことであってもです。流行は社会のニーズなので、教員は、それに対応する力を付けていなければいけないと思います。このことについては、後で改めて書きます。

ただ、この教育の流行には、「費用対効果」、「数値目標」、「成果指標」という言葉が必ず一緒に付いています。

「費用対効果はどのくらいですか」
「数値目標を表してください」
「成果指標を示してください」

数値は、成果を表すために、また、評価するには重要であり、誰が見ても分かりやすいものです。評価される側にとっても結果が分かりやすく、喜びにもなりますし、励みにもなります。

成果が上がらないこと、効果がないことを、いつまで繰り返しても成長にはつながりません。改善していき、より良いものにしていかなくてはなりません。現在は、「可視化（見える化）」を重視する傾向にあります。

ただし、全てを数値化できるとは思いません。例えば、いの町教育委員会では県の補助事業を活用して、子育てや子どもとの関わりについて、保護者や教職員を対象に、臨床心理士による個別相談会を月1回実施しています。この取り組みによる数値目標とは何になるでしょうか。不登校児童生徒数の減少でしょうか。問題行動の減少でしょうか。相談件数の増加あるいは減少でしょうか。

この事業は、相談者が聞いてもらえる「受け皿」「場」を設けることで、保護者には心の安定を、教員には明日からの子どもとの関わりの手立てや、その手立てになるきっかけを見付けていただくために実施されています。「心」や「内面」の成長は、数値化することでの評価はできません。これは、小学校では２０１８年度（平成30年度）から、中学校では２０１９年度（平成31年度）から実施される「特別の教科　道徳」においても数値での評価はせずに所見として文章で表すことと同じだと思います。

しかし、教育においても、今年度末の数値目標、来年度の数値目標というように、数値目標を明確にすることが多くなってきました。これは、先ほど述べた、本来教育が求められてきた「長期的な成果」（教育の不易）とは反対の「短期的な成果」（教育の流行）が、強く求められているからだと思います。

つまり、現在の教員は、「長期的な成果」と「短期的な成果」の両方を同時に求められているのです。何年もかけてやっていかなければいけない土台づくりと同時に、すぐに成果を上げることの両方に取り組むことが求められています。それが、今の日本の教員の多忙化につながっているのではないかと思います。

と同時に、教育委員会事務局も多忙化しています。以前、いの町に来ていたALTの先生（アメリカで教員経験のある方）が、勤務時間をかなり過ぎても大勢が働いている様子を見て、「こんなに働くなんて信じられない!!」と笑っておにぎりの差し入れをしてくれた時に実感しました（笑）。

このような現状であるため、教員が子どもとしっかり向き合っていく時間が減ってきたとか、子どもの変化や成長を的確に捉えて対応する、ほめることができる教員が少なくなっているのではないかと思います。

教育は、デジタルの世界のように、いつも想定通りの反応が返ってくるものではありません。教育は、やはりアナログな世界で、想定外の反応が返ってくることが多いのです。だからこそ、教員が子どもと向き合い、変化や成長を機敏に的確に捉え対応しなければなりません。一人ひとりに、個に合った対応が必要なのです。教員として、やっていかなければならないことです。それが、「一人も見捨てない」教育になるのです。

しかし、先に書いたように、教員の多忙化によって多くの先生が「一人も見捨てない」教育を実践できていないのではないでしょうか。あれもこれもと多くのことへの対応が迫られている現状が、そうさせているのではないでしょうか。

ですが、菊池実践は、「一人も見捨てない」教育です。この菊池実践を多くの先生方に知っていただき、その観点を取り入れた実践をされる教員が増えて欲しいと、教育委員会事務局で勤務する者として願っています。

信じ合う学校と教育委員会

この言葉は、私が上げた3つのキーワードの中でも、職場の上司に最も共感していただいたものです。

「プロフェッショナル　仕事の流儀」では、

「馴れ合うことと信頼されることは、まったく別のこと。教師らしい存在感で子どもと向き合いたいと考えている」

という菊池先生の考えについてのナレーションがあります。

これは、子どもと先生との関係を言っていますが、私は、これは、教育委員会と学校でも当てはまるのではないかと思います。

高知県は、教職員の人事評価の一環として、自己目標設定というものを行っています。その設定シート、自己目標シートに自分の課題や目標を書き、年度当初、年度末に教諭等は管理職と、管理職は教育長と面談を行います。

その設定シートの中に、各市町村教育委員会が、独自設定できる項目があります。いの町教育委員会は、数年来、次の3つの項目を示し、その中から各教職員が選択のうえ、目標設定をする方式をと

写真 1

写真 2

っています。

長欠・不登校児童生徒の減少

創造的能力を培う教育（キャリア教育の充実）

児童生徒の自尊感情を高める教育

9割近くの先生方が「児童生徒の自尊感情を高める教育」を自分の課題としているそうです。このことは、多くの先生方が、子どもたちの自尊感情を高める「心の教育」の重要性・必要性を考えられていることの表れだと思います。

そのこともあり、菊池先生を２０１３年（平成25年）８月の研修会の講師として招聘しました。２００名弱の町内保育園、幼稚園、小学校、中学校、教育支援センター等の関係機関の教職員だけでなく、高知県教育委員会事務局や他市町村教育委員会事務局関係者、教育長さんにも参加していただけました。その時の様子が、右のページの写真１・２です。

研修会後に懇親会を設けたところ、参加していただいた小学校の校長先生と菊池先生が意気投合され、「うちの学校の子どもたちに授業をしていただきたい」と依頼されました。菊池先生も講演だけではなく、実際に子どもたちとの関わり（授業）を見ていただき、お話をする方が嬉しいということで、二つ返事で来てくださることになりました。

写真3

しかし、菊池先生は当時現職の教員でしたので、平日に学校に来ていただくことができません。そこで、校長先生は年度当初の予定にはなかったのですが、教職員と保護者に説明をされ、12月の土曜日のうち、1日を授業日に振り替えて、菊池先生に高知に来ていただく場を設定してくださいました。

写真3は、その時の授業が始まって5分後ぐらいの様子です。当時の5年生と6年生の合同授業でした。もともと、素直で真面目な子どもさんが多いのですが、菊池先生の言葉がけで「キュッ」と、一気に菊池学級に変わった瞬間でした。

写真4は、授業の中盤の様子です。力強く真っすぐな目線で菊池先生の問いかけに答えようとする姿勢と挙手が美しかった場面です。ここまで、授業中に菊池先生がかけたほ

写真4

め言葉によって、子どもが変わる様子を実際に見せていただき、感激しました。

学校は、この日を参観日として、広く保護者等に呼び掛けていただき、多数の保護者が授業参観とその後の講演会にも参加してくださいました。

また、8月の研修会は各市町村教育委員会関係者にのみご案内したのですが、この12月は菊池先生が授業をしてくださるので、各市町村教育委員会を通じて各管内の学校にも周知をお願いしたところ、町内外から60名ほど参加してくださいました。さらに、高知県教育委員会事務局の方々も、休日にも関わらず参加してくださいました。

この日もまた懇親会を開きました。そこで、町内の別の小学校の教頭先生（当時）が「次はぜひ、うちの学校に来てください！」

と熱烈に依頼されると、菊池先生は、またもや快諾してくださり、1年間で3回もいの町に来ていただくことが決定しました。

菊池先生のお酒好きなところが、高知県と相性が良く、こんなにとんとん拍子で話がまとまったのかもしれません（笑）。

ちなみに、このときは、出版社の取材も入っており、編集長さん、ライターさん、カメラマンさんと、いの町の藤岡孝雄教育長も一緒に楽しい高知の夜を過ごしていただきました。

3回目の訪問は3月15日（土）でした。こちらの学校も、校長先生が教職員と保護者に対して説明をされ、土曜日を授業日に振り替えていただきました。

また、この日の授業をするために、いの町に来ることを菊池先生がFacebookにアップされていたため、それを見た県外の先生が何人か飛び入りで参加されました。

こちらの学校での授業では、一人の女子児童に、わずか1時間の授業の中で変容が現れました。左ページの水玉のパーカーを来ている児童です。

写真5は、後ろの2人と4人グループで話し合いを始めた場面です。少し分かりづらいですが、隣の児童はきちんと椅子を後ろに向けています。しかし、彼女は椅子を少し後ろに、斜めにしただけでした。

写真6は、手を挙げている様子です。右手を椅子の背もたれにかけ、ちょっとダラーとした様子で挙げています。

写真 5

写真 6

写真 7

写真 8

写真9

しかし、写真7では、椅子を移動させて話し合っている輪の中に参加しています。ただし、まだ椅子は横を向いたままです。

写真8では、椅子もきちんと移動させています。また、話し合いを積極的に進めていくリーダー的な存在になっていました。

最後の写真9です。最初はあまりやる気の感じられない姿勢でいたにも関わらず、最後には、前に出て行き、班の答えを書きました。

これには、驚き以外ありませんでした。丁度、このグループのすぐ後ろで参観していた先生たちも同じように感じられたようでした。

この授業中に、菊池先生はこの女子児

童やこのグループに対して直接的な指示や指導はされておりません。全体をとおして個を成長させる菊池実践でした。学習者が主体的に、協同的な学びを行う授業をされていたのです。1時間の授業の中で、子どもの大きな成長を見ることができ、大きな感動を受けた授業でした。

この年は、菊池先生に3回も来ていただくことができました。当初は8月の研修会だけの予定でした。しかし、学校が求めていましたし、菊池先生の実践をより多くの先生方に学んでいただきたいという願いもあり、いの町教育委員会は12月と3月の研修会を財政面や運営面で支援しました。現場に必要なこと、求めていることであれば、それを支援していくのが教育委員会であると考えているからです。

教育委員会事務局に勤務していると、直接子どもと関わりをもつことがほとんどありません。では、何をするのか、何ができるのかと考えました。考えた結果、現場の先生方が子どもと関わる時間をつくり、向き合えるための環境をつくるという答えになりました。

公教育ですので、大前提である国や都道府県教育委員会の方針・施策に従うことは変わりません。私も研修指導員という立場で、校長会等でそれぞれを施策等の周知徹底をお願いしています。ですが、あの有名な映画の名シーンのセリフ「事件は会議室で起きているんじゃない。現場で起きているんだ」のとおり、教育の問題は現場、学校で起きています。その問題を解決するために、先生方は日々頑張っています。国際的に最も長時間働く教員として、日々子どもたちのために頑張っています。

その学校にいちばん近い教育行政である市町村教育委員会は、現場を大切にする行政機関でありたいと思っています。また、先生方が「説得されて」仕事に取り組むのではなく、「納得して」仕事に取り組んでいくために、私も頑張っています。

そのような中、最近感じてきていることがあります。それは、子どもの自尊感情を高めることも大切ですが、教員の自尊感情を高めていくことが大切だということです。先に述べたように、教員の多忙化が大きな問題になっています。教員の心身症による休職や早期退職が多くなっているとも報道されています。人をほめるときには、自分に一定の余裕がないとできません。

では、子どもをほめる大人である先生方はどうでしょうか。ACジャパンのCMにも取り上げられている「おとなもほめよう」が、教員、職員室には必要なのではないでしょうか。どうすれば、大人の自尊感情を高めることができるのか、教育委員会事務局で働く立場である今、非常に知りたいことです。

企業では、顧客満足度を高めるためには、従業員満足度を高めることが重要であるということで、いろいろな取り組みがあるとお聞きします。ここでいう「顧客」を子どもや保護者や地域の方々として、「従業員」を教員に置き換えて考えてみてください。やりがいのある学校であれば、それぞれの教員が、自分の能力を最大限に発揮し、さらに向上させていく学校であれば、子どもの成長も大きなものになると思います。教員が満足して、よし、やろうと思える環境整備をすることが、教育委員会であると思います。

「一人も見捨てない」のは、子どもだけではなく、教員も同様です。教員一人ひとりがもっている力を最大限に発揮して教育実践ができる環境を整えることが、教育委員会の責務であると思います。そして、そのためのキーワドが「信じ合う」ことだと考えています。

「信じ合う」ことは、人間関係の始発駅であり、終着駅だと思います。菊池先生が学級の子どもたちを絶対によくなる、成長すると信じたように、子どもの能力と人格の可能性を教員が信じれば、子どもは自ずと教員を信じてくれます。それは、教員が子どもから不信感を持たれなくなる要素でもあります。教育委員会と学校も、同様の関係でありたいと思っています。

教えることは　教わること

「プロフェッショナル　仕事の流儀」で、最後にプロフェッショナルとは何かと問われています。菊池先生は、

「常に自己否定もしながら、進化し続けようとする人。常に今を変えていく、進化するために変えていく。そういった取り組みを苦に思わない、そういった人だと思いますね」

と答えられていました。

この中の「常に自己否定もしながら、常に進化し続けようとする人」という言葉は、まさにこれからの教員に求められることだと思います。

現在は、価値観、モノ、お金、自分だけ、便利、快適を追い求める社会、「相手軸」が希薄な社会になってしまっていると思います。だからこそ、教育の質的変換が求められています。知識重視の画一的な価値観。教授と受容という一方的構図による教育からの転換です。これは国の方針である「学習者主体」「話し合いの授業」。いわゆるアクティブ・ラーニングです。

そのためにも、大切だと思う言葉が「教えることは　教わること」です。これは私の尊敬する恩師がいつもおっしゃっていた言葉です。

教育の流行のところでも書きましたが、教員は常に学び続けていかなければなりません。それが、教員に求められているからです。菊池先生から教えていただいた、本間正人先生の提唱されている「最終学歴から最新学習歴へ」が、これからの教員にとって重要なことになると思います。いつまでも新しい学び、学び続ける気持ちを持ち続けることが大切だと思います。

そのために、いろいろな勉強会やセミナーや研修を受けることも重要です。が、同時に目の前にいる子どもから学ぶこともたくさんあると思います。

子どもの発言や表現に、驚かされることがたくさんあります。その理由を聞けば、自分にはなかった発想や考え方から導かれたものがあります。子どもの可能性は、大人よりもはるかに大きいものです。現在の教員が子どもだった頃と比べ、社会情勢や価値観、情報量が大きく変わっています。なので、教員が自らの固定観念に捉われ過ぎてしまうと、その可能性を狭めてしまうことになります。教員は年齢を重ねていきますが、相手をするのはいつも、小学生、中学生たち10代の人間ですから、時代に応じた新しいことへのチャレンジをし続けなければいけないと思います。

また、教員のかけた言葉や行為が、予想もしない反応となって返ってくることもあります。それを受けて、教員はどう対応するのか、次はどうするかを考えていきます。子どもの言葉、行動、姿勢、表現から学ぶことがたくさんあるはずです。つまり、これら全てが「教えることは　教わること」だと思います。そして、このように対応できる教員であるために、大切にしている考え方があります。

芯はあるが
「かたよらない心」
「こだわらない心」
「とらわれない心」
謙虚で
ヤナギの木のように
なやしを持ちなさい

これも先の恩師の言葉です。「なやし」とは、ヤナギの木は、強い風が吹くと大きくしなりますが、決して折れることなく、風が止めば元に戻るさまのことです。

「このようであればいろいろなことに対応できるよ」と言われました。これが私の理想の教員像です。

私が菊池先生と出会ってから3年になります。その間、全国で菊池実践をされている大勢の先生方にお会いしました。その皆さんには、共通して「芯」があり、「なやし」をお持ちだと感じています。それは、菊池実践という一つの大きな柱があり、菊池実践によって「観」が変わってきているからではないでしょうか。全国で大勢の実践されている仲間がいるから、悩んだときの相談もしやすいことや、参考になる実践も多くあることも関係あるかもしれません。そして、何よりとても温かい方々ばかりです。

こういう教員が増えていけば、きっと、子どもたちはもっともっと成長し、幸せになるのではないでしょうか。

そして、何より幸せな教員が増えるのではないでしょうか。

そう思い、私は、いの町教育委員会事務局で、新しい教育観の実践に挑戦しています。

※「充て指導主事」＝教育に関する専門的な知見が求められる指導主事という役職に、行政職員ではなく、教員をその身分のまま充てること。

第五章　生徒一人ひとりの「成長」を信じる塾

渡瀬　将基

教育の道を志し、学校教員の夢を捨てた大学時代

私は、今年（２０１５年）、28歳になりました。

27歳だった昨年は、自分にとって、いろいろ意味で特別な年でした。

菊池省三先生が、初めてご自身の実践を新聞記事に取り上げられたのが27歳のときだったと、実際の紙面とともにFacebbokに投稿された記事を読んだことが、特別な年になるきっかけでした。菊池先生が、ご自身の実践を、20代から世に問おうとされていたことを知ったことは、大きな衝撃でした。「まだ20代だから……」と、自分を世に問えずにいることを恥ずかしく感じたのです。

私は、現在、香川県木田郡三木町で塾を経営しています。中学生・高校生を担当する講師でもあります。

実際に塾生たちと向き合う中で、地道に日々の実践の事実を積み上げてきているつもりです。しかしながら、菊池先生と私の27歳は、レベルが違いすぎて比較の対象にはならないことは十分分かっているつもりですが、２０１５年６月７日に香川県高松市で開催されたフォーラム「挑戦！　四国四県からの発信！」にパネリストとして登壇させていただく決心をしたのは、そんな自分の殻を打ち破りたいとの思いがあったからです。

「小学校の先生になりたい」

私は、中学3年生のときの通知表に書いていていました。そう決めたきっかけは、今では思い出せないのですが、自分なりに将来のことを考えていたのだろうと思います。その後、その思いは変わることなく、教員免許を取得するために大学に進学しましたが、大学2年のとき、小学校教員になる夢を捨ててしまいました。

さらに、「小学校教員にならない」という選択をしたとき、将来への希望自体を失ってしまいました。生徒がいない中で学ぶ教育論の講義を退屈だと感じ始め、大学へも行かなくなりました。家庭教師や塾で、アルバイトをして子どもたちと接しながら、稼いだお金のほぼ全てを、本の購入に充てるような学生生活を送っていました。

今思えば、どうしようもない学生だったな、と少し反省もしているのですが、家庭教師や塾で、初めて自分が「先生」と呼ばれ、「教える立場」にもなったこともあり、「教育とは何か？」ということを本気で考え始めた時期でもありました。

その頃、教育書をたくさん読みましたが、ハウツー本や理論が書かれた本ばかりで、自分の中にある「教育に対する疑問」を解決してくれたり、教育の核心に迫ったりできるようなものには出逢えませんでした。読む本は、次第にビジネス書など、教育書以外になっていました。

ある日、「起業をしたら、自分の理想を追える」ことを本で知り、何とも単純ですが、自分が思い描く「教育」を追求していくため、大学3年生の10月に起業することにしました。

友人のほとんどは、教員採用試験に向けての勉強や、教育実習を本格的にしている時期です。もう自分は、一般企業に就職すればよいかな……とも思いましたが、どうしても教育関連の仕事がしたいと思っていましたから、自分にとって起業するということは、「生きる」ことと同義でした。

菊池省三先生は、最近のクラスは凸凹が大きくなっているとおっしゃられています。

私自身は、凸か凹か分かりませんが、学校があまり好きな生徒ではありませんでしたので、標準的な生徒ではなかったのではないかと思います。知識伝達型の退屈な授業や、チャイムの音で集団がぞっと動く、そんな日常がとても窮屈であり、退屈だと感じていました。

中学、高校時代までは、そんなものだろうと思っていましたが、親や先生の制約を受けなくなった大学では、それまで抑えられていたものが一気になくなり、私は外に求めていく学びがとても楽しいものに感じました。自発的で、能動的な学習です。

学生時代は、株式取引にも挑戦してみました。講義中にガラケーで、株価をリアルタイムに更新しながら、株の売買をしていました。株は1年くらいでやめましたが、世の中は、経済活動で成り立っており、「教育と経済」の二つをどう成り立たせたらよいのか、どうすれば成り立たせることができるのか、ということを深く考え始めました。

企業を立ち上げた以上、利益を追求することが最大の使命です。一方、教育のことを考えると、生徒に平等に価値を提供したいし、従来の学習塾業界が、どちらかと言えば、親の所得で受けられるサービス・その質が決まりがちな状態であることも、とても疑問でした。

しかし、もし無料にしたら、そこで働く社員の豊かな生活は追求できず、持続可能性のある質の高いサービスを提供することは難しくなります。広告収入で授業料０円とすることも考えましたが、これでは、第三者からのノイズ的なものがたくさん入ります。ビジネスとしたらそれでよいのですが、私は、本当に教育の核心を突いた、教育の本質に迫る教育的価値を提供したかったのです。

のちに私が立ち上げたファイブスター学習塾は、志望校合格を最大の目標としながらも、「自立・自律」「社会性」といった、内面的な成長に重きを置いています。学力に限らず、何かを学ぼう、修得しようと思ったときに、勉強でもスポーツでも、学ぶには強い心、内面的な成長が不可欠だと考えるからです。

新しい学習塾としての行き詰まり

ファイブスター学習塾は、香川県木田郡三木町に教室がありますが、かつては教室を一つも持たない塾でした。教室となる場所は、それぞれの自宅、生徒自身の部屋です。ｉＰａｄに学習塾の全てを詰め込み、塾に通うのと同じ内容が、在宅で学習できるのです。移動の必要もなく、時間や場所の制約もありません。周りの目を気にすることも、分からなくて恥ずかしい思いをする必要もありません。志望校合格のために、効率性を最大限追い求めた、一つの塾のカタチを実現しました。

「日本は一つの教室」というように、テクノロジーの発達で、「塾に行かなければ知識を伝達してもらえない時代」から、「塾に行かなくても学べる時代」となりました。ファイブスター学習塾は、一流予備校講師陣の授業を提供しているので、都市部と地方の教師の質・授業の質等の格差も、ほぼなくなりました。

私は、iPad2が発売された当時からタブレット活用学習に注目し、何も前例がない中、試行錯誤をして最高の学習環境を追い求めてきました。「3年間分の全教科の授業とサポート」をiPadの中に入れることで、「いつでも・どこでも学べる」環境を構築しました。iPadを使ったから学力が上がると言っているわけではなく、従来の学習法を否定しているわけでもありません。テキストは、紙のものを採用しています。iPadを活用して学習することで、従来の非効率な部分を改善し、効率性を高める環境を構築したのです。

創業当時は、一流予備校講師陣の講義に加え、有名大学や地元の国立大学の学生さんたちを採用し、ほぼ24時間体制でサポートしていました。これまで週1回塾に行かなければ学べなかったものが、iPadで学習する生徒は、質の高い授業を、いつでも・どこでも、ライバルの何倍ものスピードで進めていける環境が実現したのです。

しかも、塾に通う必要がないので、移動する時間も労力もかかりません。授業料は、どれだけ受講しても安心の月額定額制で、教師1人が対応できる生徒数は、一定数まではより多く対応できます。人件費がかからない分、授業料は予備校の半分以下に抑えられています。

これだけ至れり尽くせりの学習環境を提供すると、みんなすごいことになるんじゃないだろうか！と意気込んでいました。実際は、半分くらいの生徒は学力のすごい伸びを記録し、難関校をはじめとする志望校にも合格していきましたが、残りの約半数の生徒は、私が求めるところまで使いこなすことなく、受験を迎えていきました。

もちろん、生徒によっての向き不向き、私の指導力不足など、様々な要因はあると思いますが、そもそも学ぶスタンスになっていない生徒が多くいることに気付きました。ノートをまともに書けない生徒、親にやらされているだけで言われたとおりにできない生徒など、勉強とは別のところで問題を抱えていることが分かりました。

満を持して挑んだ私の構想と仮説は、一部の生徒たちには受け入れられたものの、半分以上の生徒には受け入れられませんでした。教育的観点を重視すると言いながらも、「全員に学ぶ機会を保障する」環境には程遠いものでした。結果として、ｉＰａｄを取り入れた学習環境に改善したところで、従来の学習塾スタイルの弱点を補えるようなものにはならなかったのです。私は到底、満足できませんでした。

菊池先生との出会い

２０１２年７月16日、菊池省三先生がＮＨＫの人気番組「プロフェッショナル　仕事の流儀」に出演されました。この時間帯は、仕事で家にいることはなく、以前はよく見ていたこの番組も、いつのまにか忘れてしまっていました。たまたま早く帰宅し、いつもは見ないテレビをたまたま付けたとき、ちょうど番組が始まりました。

この番組の中で、いちばん私の印象に残っているのは、「学習指導要領にもない変わったことばかりをやっている。異端児扱いされ、菊池といると出世できないといううわさも広まった。一緒に勉強会を開いていた友人すら次々に離れて行った。孤独な日々」という部分でした。

今でこそ、スマホが当たり前の時代になり、タブレットにも抵抗がある方も少なくなってきたと感じていますが、当時まだ大人もスマホを持っていない時代、タブレットは、一部の人しか持っていませんでした。そんな中、ｉＰａｄを子どもたちに無料で配布している私は、

「危ないものを子どもに持たせて大丈夫？」

とよく言われ、入塾まで至らないことが多くありました。

一緒に塾をやっていた仲間からは、

「このままで、ｉＰａｄ学習が受け入れられるとは思えない」

と言われ、去っていきました。

文字どおり、孤独な日々を送っていました。しかし、タブレットを使うことで、生徒たちの学習において利便性も向上し、可能性も広がると信じて一人でやっていこうとしていた当時の私と、菊池先生の姿が重なるところがありました。あのとき番組を見たから今があるのだろうと思うのです。とても、助けられたのを覚えています。

さらに、菊池先生の実践の最大の魅力である「ほめ言葉のシャワー」は、強く心に刻まれました。

そんな菊池先生の書籍に、私がこのように執筆をご一緒させていただくことになることは、当時は想像すらしていませんでした。

「教師が直接、一人ひとりの生徒をみて、様々な観点・視点から目の前で起こっていることを深読みし、次につなげ、未来軸をもって指導していかないといけない。これまでの強みは残して活かしつつ、一部、方向転換をしよう！」

このように考えて、第1号の教室を出すことを心に決めました。現在も、当塾では自宅学習を選択している生徒もたくさんいます。自分がいちばん集中できる環境を選択し、自分らしく目標に向かっていく過程で、学びのスタイルを考えながら、いくつかの選択肢の中から学び方を選ぶことができるのです。

２０１２年12月、第1号の教室開設の目途をつけました。

そして２０１３年1月、熊本で開催された菊池省三先生のセミナーに出席しました。セミナー後の懇親会にも出席し、最後までおともさせていただきました。この日が、菊池先生との初めの出会いでした。1日、お話を聞かせていただく中で、先生の熱い志と、教育観に引き込まれていったのです。

従来の教育観・指導観に基づく指導を行っている先生に聞いても、あらゆる教育書を読んでも、もやもやして納得いかなかったのですが、そんな疑問が自分なりに晴れました。

塾の立ち上げ当初から、その疑問と向き合い、答えを求め続けてきました。菊池先生の「観」は、

iPad活用学習の弱いところを補強するために不可欠でした。これからの教育に必要なのも、この「観」だと思いました。

菊池先生は、漠然と私がやってきたことに「価値付け」をしてくださったのです。自分の目指す方向は、間違っていなかったと思います。先生が学級でされているのと同じように、言葉でその価値を伝え、私自身に自信を持たせてくれたのです。同時に、私は、従来の学習塾の発想のままで留まってはいられない、とも思いました。

話は少しずれますが、熊本に行く2か月前、胃がんの末期だった祖父が余命1か月の宣告を受けました。時間を見つけてはお見舞いに行っていました。日に日に弱っていき、話すことも難しくなった祖父が私に言ってくれたことがあります。

「世の中うまくいかんことばかりやけどな、自分の心の中に強く意思を持たないかんぞ」

出ない声を振り絞って語ってくれました。最後の方は何を言っているのか分からない状態でした。私なりに考えると、手を胸に当てて言っていたことから、「心の中に強く意思を持て」と言ってくれていたのだろうと思っています。病床の祖父との、最期の会話です。

そんな悲しみも引きずりながら熊本に行き、一言一言に奥深さがある菊池先生とお話をする中で、過去に学校教育に疑問を持ち、家族の期待に背いてまで教員にならなかったことや、そこから学習塾を立ち上げ、塾業界しか知らなかった私にとって、自分の立ち位置を考えながらも、「学校教育」を身近に感じ、理解していこうと思えた時間でした。

また、菊池先生のセミナーに集まる先生方が、とても温かいと感じました。これまで学校教育に批判的だったのが、塾・学校という対立の構図を改め、少しずつ変わっていくきっかけにもなりました。学校と塾は、本当は目指すところ、行き着くところは同じなのではないかと思ったのです。菊池先生の言葉をお借りするなら、常に自己否定もしながら、進化していかなければならないと、改めて思いました。

それまでの私は、ｉＰａｄ学習に代表されるように「術」に偏り、「論」は未完成、「教育観」が漠然とし、「教師としての覚悟」が弱かったのだと、そのように思い始めました。

２０１３年3月、学習塾の激戦区である三木町に第1号の教室をオープンし、現在のファイブスター流に至るまでの戦いが始まります。最近では、保護者の方に「他の塾とは違うから、ファイブスター学習塾を選んだ」、そんなほめ言葉を言ってもらえるようになりました。志望校合格を最大の目標としながらも、他の塾とは違うと言われるいちばんの理由は、今の成績は関係なく、全員に学ぶ機会を保障していることだと考えています。誰もが、成長できるのです。

「菊池流が、学校を越え、学習塾をも越えて広がる理由」

菊池省三先生が長らく学校現場でされた実践は、ハウツーの域を越えて、全国の教師の教育観を変えるものとなっています。また、学校という範囲を越えて、学習塾でも参考になるものです。教育界にとどまらず、今では、企業の人材育成の場でも菊池実践のメソッドを参考にしようとする動きが生まれています。

私の塾では、菊池実践の代表的な「ほめ言葉のシャワー」や「白い黒板」を、現在はしていませんが、菊池省三先生との出会いにより、私の教育観が従来とは変わりました。それにより、学習塾の運営方針も変わりました。「観」が変われば「術」が変わる。「どんな人間を育てたいのか」というところに行き着くのだろうと感じています。

私の場合で言うと、先生と出会う前から取っていたｉＰａｄ活用学習のスタイルによって、全員に学ぶ機会を保障していたものの、それを活用できる生徒と、できない生徒がいました。

「ほめ言葉のシャワー」をしたから人が育つといった手法云々の話ではなく、もっと根っこの教師の覚悟も伴う指導観や教師観を、菊池省三先生は提唱されていると感じています。

「一人も見捨てない」というような、多くの教師が当たり前のようにもっていた熱い想いがあるにも関わらず、時代や社会の変化とともに、従来の指導では通用しなくなってきました。これからを生きる人間に求められているであろうスキルを想定できているにも関わらず、従来の教育観・指導観に基づく指導を続けているために、そこから脱落する子どもたちが増えてきている現状があります。

脱落した子どもたちは問題児扱いされ、そのことを一生涯引きずります。また教師自身が、自分にスキルがないことを悔んだり、自信がなくなったりして、心を病む先生が多くなっています。保護者も、自分のしてきた家庭教育を悔みます。とても、悪循環だと思います。菊池実践は、学校・企業関係なく、人を育てる立場にある人の全てが参考になる普遍性を持ち合わせていると私は思っています。

先述のフォーラム「挑戦！　四国四県からの発信！」は、菊池先生をきっかけにお知り合いになった教育委員会の先生、学校現場の先生、教育関連企業の経営者が集結して討論しました。それぞれの立場から「これからの教育」を語り合ったのは、画期的なフォーラムだったと思っています。また、教員・保護者・学生と、様々な方にご参加いただくことができました。これはさらに深い意味があると考えています。全員がそれぞれの立場で、子どもと向かい合っていますから、そこからの発展性が本当に未知数だと思うからです。

ファイブスター学習塾を立ち上げた理由、そして学習塾の存在意義

ファイブスター学習塾には、これまで一般的な学習塾が経営戦略的にもっていた受験成果主義的な考えは、生徒個人レベルにはあったとしても、塾（講師）には、ほぼありません。難関校に多く進学させることより、生徒一人ひとりが「進学後のビジョン」をもち、講師は「生徒が自ら考えられる人間」を育て、その中で、一人ひとりの志望校に確実に合格させることを塾の責務としています。塾の都合で量産した合格実績で評価される塾ブランドより、生徒一人ひとりの受験の先に責任をもつ受験指導にこそ、価値があると思うからです。

これまでは、一定より上の層だけが合格実績を残し、それが塾の評価になってきた歴史がありまし

た。ゆとり教育など、学校教育を批判することで、学習塾の優位性を保つような、どちらかと言えば対立の構図にあり、社会もそのように学習塾に期待します。

塾で遅くまで勉強した生徒が次の日、学校の授業で眠っている、夏休みの宿題を代行する業者が出てくるなど、社会現象にもなりました。一方で、華やかな合格実績の裏では、不合格者や特に有名でない学校に進学した生徒をうやむやにしてしまっていたことも事実としてあります。

もちろんそれでよい側面、仕方がない側面もあるかもしれません。しかし、上位層には受験料を塾負担で受験させて合格実績を稼ぐなど、知識偏重、受験主義的な学びで終始してしまうことが、子どもたちに様々な弊害をもたらしてきたとも言えるはずです。

そもそも、学力で評価できるのは、人間のごく一部分ですが、従来の指導法・指導環境では、「全員に学ぶ機会」を保障し、多角的な視点での学びの場は作り出せなかった事情があります。

能動的・自発的な学び方は、子どもたちの数だけあるはずですが、先人がカテゴライズしてきた狭いカテゴリー内での枠に当てはめた指導では、受け手は、受け身の学びで終わってしまいます。そこからのオリジナル性を持った発展が、多くの場合期待できないからです。

また、多くの大人は子どもたちに「将来なりたい自分」を考えさせますが、「将来求められる自分」という相手軸も含めた個という視点を考えさせません。従来の指導観では、指導者主体で考えられていたことが多々あると思いますが、これからは学習者主体で考えなければならない時代が来ていると思います。

進学した後、生徒たちは私の手を離れ、それぞれの道を歩んでいきます。学習塾講師の立場で言うなら、志望校合格に責任を持つことが最大の責務です。しかし、人生は受験で終わりというわけでもありません。もっと先の未来軸で考えて、直近の受験を意味のあるものにし、受験勉強をとおして、塾で成長した糧が今後に生かされるように、そんなことも合わせ考えて指導していかないと、「どこかに行けたらいい」では、とても薄っぺらな次元で終わってしまうと思うのです。

学習塾経営者としてよりも、まず教育者として

学習塾の歴史は、もともと「一斉指導型」が主流でしたが、よりきめ細かな指導のニーズに応えるために、「少人数指導型」が出てきました。そして、今は、「個別指導型」が主流になっていると言われています。しかし、先生1人に対し、生徒数を減らしていくと、きめ細かな指導は実現しても、人件費が増加するので授業料は高くなります。そのため、塾の1時間あたりの費用は増加傾向にあり、高い金額を払えないご家庭のお子さんは、受けられる授業時間数は減っていると感じています。

現在は、従来より受けられる教育（授業）に格差が生じているのです。少子化の影響で、子どもが減っている地方では、塾や予備校の撤退が相次いでいます。学力面で、ある一定の役割を担っていた学習塾も、ビジネスとして成り立たなくなってきているのです。これから、この傾向は、もっと強くなるはずです。

私の塾が、いち早くｉＰａｄ学習を取り入れた理由は、「全員に学ぶ機会」を保障し、「全員が学べる環境」をつくるためでした。一人も見捨てず、一人ひとりの将来に責任をもてるような受験指導に加え、たとえ様々な理由で通塾ができなくても、ｉＰａｄがあれば、自分の部屋で塾に通うのと同じサービスが受けられるようにしたかったからです。

ｉＰａｄを活用する学習は、これまで説明してきたような不便なところや、様々な事情で起こる教育格差を解決しています。生徒にとってはきめ細かな究極の個別指導環境と、月額定額制でどれだけでも受講できる学習環境は、どんなに遅れをとっている生徒でも遅れを取り戻すことができ、進んでいる生徒はどんどん先取りした学習ができます。

これは、生徒の個の学びを尊重し、一人ひとりの可能性を最大限引き出せるものです。受けたら受けただけ従量課金される授業料体系と比べ家計の負担は減るので、所得の格差もなくなっています。ｉＰａｄさえあれば、塾が近くになかったとしても、自宅で受講できます。地域格差も限りなくゼロになるといったオリジナル学習環境をつくっています。

そうした学習環境の中で、内面的な成長にも重きを置く指導で得たものは、進学後も通用するものです。根気強さ、丁寧さを身に付け、学びの基本姿勢が備わった子どもたちは、進学後に学ぶ教科・内容が変わっても心配ありません。塾では、このｉＰａｄ学習を最大限活用しようとします。成長曲線に代表されるような未来軸を持ち、不可視の部分に気付ける子どもは、よい意味で点数だけにこだわりません。結果は後から付いてくるという自信があるので、今を最大限頑張ります。塾を最大限活用するのです。

　全員を受け入れて、全員を成長させて、全員を志望校に合格させる。その強い気持ちを教師がもつことが、私が大切にしたいファイブスター学習塾の「一人も見捨てない指導」です。それは大変なことですが、教師一人ひとりの覚悟と指導技術、それを達成する学習環境があれば、生徒は学びの意欲が湧いてくるものです。

「一人も見捨てない」と言いながらも、はっきり申し上げて、学習塾界は多くの子どもたちを見捨ててきたと感じています。私も学習塾界の人間としての戒めの気持ちも込めて言っているのですが、見捨てたと言うより、学力が一定より下の生徒は、対応できないと言った方がいいのでしょう。どうであれ結果として、難しい生徒は受け入れが難しい現状があります。

　学力が一定より下の生徒（塾に通って、学習する意思のある）に対応するために、個別指導が活躍しているのかもしれませんが、家庭が現実的に払える費用を考えて、週に1・2回の2時間程度の授業時間では、全教科の成績が飛躍的に伸びるのは、難しいと考えています。授業料を安く抑えるために、低賃金で大学生のアルバイト講師を雇って、先生1人につき2、3人の生徒が受ける形式を個別指導として、運営していることがほとんどです。

　難しい状況をどうにかしようとされている個人塾の先生方もいらっしゃいますが、大手企業が創る学習塾界の一般論として考えると、学習塾界では、教育の本質はないがしろにされ、一方的に創られた塾神話により、「みんな塾に通う」という流れになり、時代になったのかもしれませんが、塾に行けば成績が上がると、塾に求めすぎている傾向が強いように思うのです。

詳しくは後述しますが、志望校に合格した生徒は、根っこの部分が成長した結果、点数が伸び、入試という競争に勝てたのです。当塾のように、順位で一桁を争うような俗に言う優秀な生徒から、「今まで全く勉強してこなくて、行ける高校がない！」と慌てて入塾してくる生徒まで、幅広い成績の生徒が入塾を希望し、クラス分けテストもせずに入塾しても、最終的に結果を出せたのは、まず第一に「一人も脱落しない」学習環境を構築できていることが挙げられると思います。

また、どんな難しい生徒でも、教師自身が強い覚悟をもてば、どうにでもなる話です。当塾ではたまたまｉＰａｄ活用学習を採用することにより、幅広い生徒を受け入れられるようにできていますが、学習スタイルには、いろいろな形があって当然だと思います。しかし、仮にその良い環境があっても、教師の気持ちが適当では、その効果は発揮されないと考えています。

その環境の中で、教師が最後の最後まで、目の前の生徒を見捨てないという信念と覚悟をもって挑んでいれば、途中でどんな状況に陥ったとしても乗り越えることができ、結果的に「一人も見捨てない」状況が生まれているはずだと信じています。これが私が想う、「一人も見捨てない教育」です。

人には、元々学びの欲求が備わっていて、それをうまく引き出してやるのが、周りの大人の役目なのだと考えています。内面的な指導も大切ですが、学習塾の最大の役目である志望校合格を実現するため、確実に点数を上げるための指導観・指導法を同時にもつ必要があります。

「iPadを活用するから、「人」にしかできないことができる」

ファイブスター学習塾が採用しているタブレットを活用した学習は、従来の学習モデルからすると、教師と子どもの関わりが少なくなるのではないかと心配する方もいます。逆説的ではありますが、講義をiPadに委ねることにより、教師に時間的・精神的な余裕ができます。

講義をiPadに委ねると、授業時の関わりは少なくなるかもしれませんが、その分教師に時間的・精神的な余裕ができることにより、「教師にしかできない関わり」に専念することができるのです。

例えば、元気のない生徒にすぐさま声をかけることができます。これが授業に、準備に、生徒対応にと、業務に追われる教師は、本当に向き合うべきときに、生徒と向き合うことが疎かになってしまいます。「お母さんに〇〇と言われて……」と、それが学びのブレーキをかけていることが分かれば、保護者の方にその日のうちに伝えることもでき、臨機応変な対応ができます。

学習面では、3年生でも1年生の内容に遡って受講し直すことができるなど、生徒の学習上の利便性も上がります。同じ単元を何度も受講することもできます。この効率的な学習環境に加えて、教師が的確な学習アドバイスと解説を行うことにより、効率的に苦手を克服でき、その結果、点数は大幅に上がります。このような学習環境と、生徒自身の成長の歯車が噛み合うことにより、点数は飛躍的に伸びていきます。

なぜこのような学習スタイル・指導法に至ったかというと、様々な事情で、大幅に遅れを取っている生徒を合格に導こうと思ったとき、授業時間内のみの対応では難しく、特に学習塾で行われる受験対策仕様の講義では難しいのです。きめ細かな対応をするために人員を増やせば、人件費が増える分、授業料はアップしてしまいます。なるべく家計に負担がないカタチで、質とバランスをとることが重要になってきます。

このように、様々な問題を解決し、勉強が得意な生徒も、勉強が苦手な生徒も活用できる環境にすることまでの道のりも、大変なものでした。しかし、いくらテクノロジーが発達したとしても、最後は「人」だったのです。テクノロジーの活用は、数ある指導法の中の一つの手法であり、菊池先生が提唱する教育観に出会ったことで、学習塾の指導観にも変化が出てきました。

生徒一人ひとりの「成長」を信じる

国公立大を目指すと宣言し、E判定から約3か月の対策で、見事国公立大に合格したAさんが、Twitterにこんな投稿をしてくれていました。

「ココ（ファイブスター学習塾）に入って、成長できた！　塾長ありがとう！」

私は、Aさんが何気なく投稿した「成長」というキーワードにこそ、入塾から合格までの全てが詰まっていると思うのです。成長なき生徒は、当然ながら点数は伸びないのです。多くの生徒が、塾に

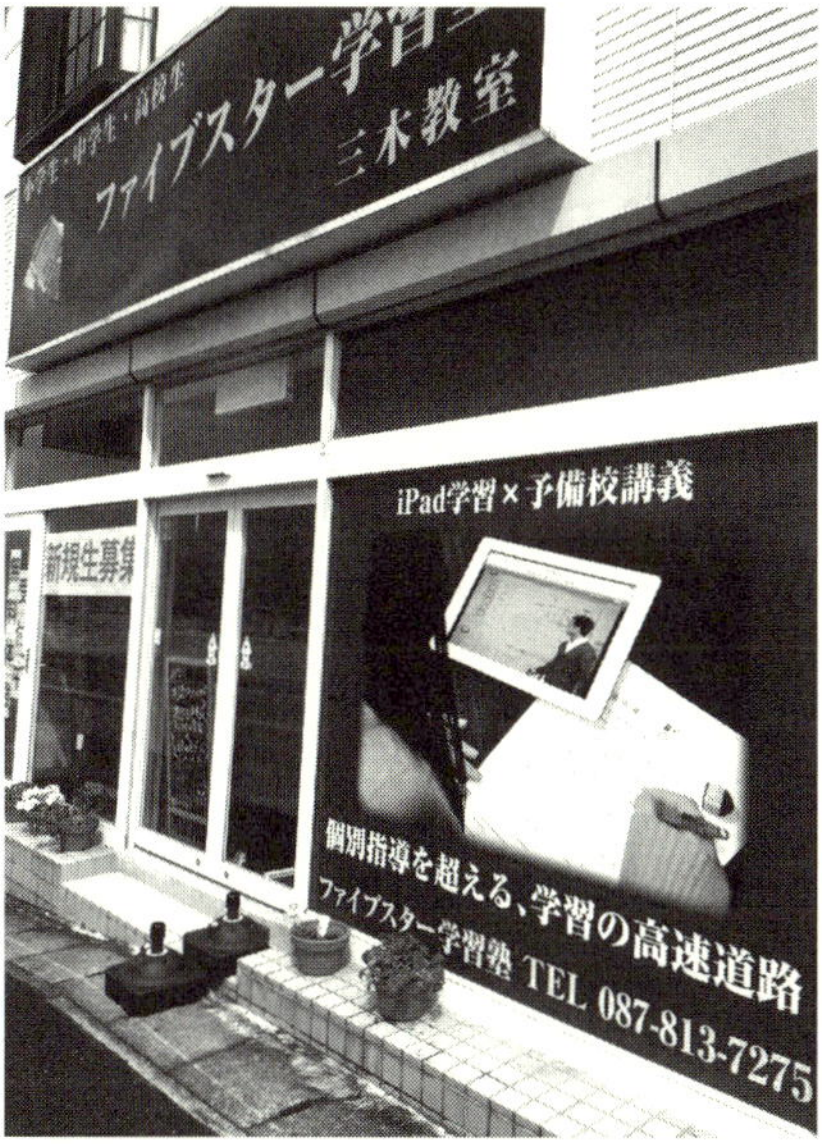

iPadを活用する学習スタイルを採用した学習塾です。通塾受講・在宅受講を選択できます。通塾時間や学習内容は、原則として決まっておらず、生徒が自ら主体性をもって学んでいます。

入れば伸びると思って塾を探しますが、合格した生徒は成長したから伸びたのです。

ですから、逆に言えば、伸びる生徒は、どこの塾に行っても伸びますし、伸びない生徒は塾を転々とします。塾に入って「ある程度」伸びるのは、学習時間が増えたからであり、根本的な解決にはなっていません。なぜなら、「塾に行ったときに勉強する（させられる）」という受け身の学びだからです。未来軸を持ち、能動的な学びに変わる必要があります。そこには必ず、「成長曲線」に代表されるような考え方も必要です。

昨年度（2014年度）の中学3年生は、全員が志望校に合格しました。ファイブスター学習塾の塾生が（結果として）全員伸びたのは、多くの生徒たちが受動的になってしまっている学びの姿勢から、能動的な学びに変わり、自分らしく学べるサポートにあると考えています。能動的な学びになっている生徒は、すでに伸びています。伸びない生徒は、勉強方法が間違っているか、学びが受動的だから伸びないのです。

「伸びる生徒は、どこの塾に行っても伸びますし、伸びない生徒は塾を転々とします」と書きましたが、実は、私はそれを覆したいのです。

「伸びる生徒は、もっと伸ばす。今まで伸びなかった生徒も、しっかり伸ばす」。

ファイブスター学習塾には、順位1桁を争うような勉強が得意な生徒から、勉強が苦手な生徒まで、いろいろなレベルの生徒が入塾してきます。また、入塾時に拒否したり、クラス分けテスト等でふるいにかけたりすることはありません。周りが「無理だ」と言おうと、掲げる目標は「自分が行きたい高校・大学」となります。レベル・学年関係なく、全員が目標に向かって同じ教室で学びます。

香川県では、公立高校に進学することを前提に、進路指導の話が進みます。私立高校は、一部の進学校を除き、多くの場合滑り止めになります。昨年度の生徒の中には、「私立高校も無理」と言われていた生徒もいましたが、見事に公立高校に合格を果たしました。ほぼ全員が、安全圏を受けず、かなり挑戦的な受験でした。

このような学習環境で、子どもたちがどう成長し、どう合格を勝ち取っていったかを、様々なケースで紹介します。

授業日も、学ぶ内容も決まっておらず、一人ひとりが自分らしく、自ら考えて学びます。ベクトルが正しい方を向いて学べるよう、講師がサポートしていきます。「自立・自律」した生徒たちは、私の手から離れていきます。徐々に、手をかける頻度、程度を少なくしていきます。次第に「自分で考える力」が身に付き、自らの足で進む原動力となります。

ファイブスター流（学習環境編）——中学生・高校生クラス

◯通塾時間が決まっていない・学習するところは自分で決める

最低限の通塾曜日・回数は決めていますが、塾に来る時間は、各自が自由に決められます。もし都合が悪い日は、自分で考えて振替を取ります。その理由は、特に問いません。

過去には、「祭りに行くから」「クリスマスでデートをするから」という塾生もいました。もちろん、許可しました（笑）。やる気のあるときに、思い切ってやればいいのです。

塾に来たら、何時間学習してもOKです。週に何回通ってもOKです。自分で考えて計画を立て、実行する。これが、自分で考える力を育みます。

これは、放置しているのではありません。生徒がしていることを見守り、生徒が決めたことに価値付けしていきます。もしズレていたら、正しい方向に修正します。でも、その失敗からも、学びを見つけます。

そういったことを一緒に考えながら進めていく中で、生徒自身で、その行動に価値付けできるようになってきます。「なぜそうするのか?」を自分で説明できるようになってきます。そのような力を身に付けた生徒は、家に帰ってからも同じように、自分の課題に取り組むことができます。「塾だからする（やらされる）」の域を越えて、日々の学びの中で、「自立・自律」を促しています。

○ルールは3つしかない

・テスト発表日までに、テスト範囲の問題集を終えること。
・通塾曜日に休むときは、塾に連絡を入れ、振替をとること。
・人に迷惑をかけないこと。

テスト発表日までに、テスト範囲のすべてのページを終えられる前提で、塾での学習時に学校の宿題をしてもOKとしています。テスト期間は、間違った問題を徹底的に復習し、「できる問題」を増やしていくことに徹します。

同じ問題を2～3回解いて、テストに挑みます。場合によっては、プリント演習で補強します。学習の進め方は、塾が定める基本的な進め方がありますが、各自が自分仕様に変えて、工夫しています。その進め方を、講師も理解し、尊重するようにしています。

また、人の迷惑にならないように行動するのは、社会のルールです。教室も小さな「公」のはずです。その場で、プライベートな場にいるのと同じような振る舞いは、許しません。「勉強だけできればいい」という極端な態度では、社会に出てから困ります。志望校に進学し、いずれ社会に出れば、世のため人のために活躍する人間になってほしいと思っています。同時に、社会性を身に付けることも、大切にしています。

○基本、講師からの解説はない

講義・解説は、すべてiPadに収録されています。その上で、分からなかった問題の理解を助けます。講師は、「自力で解ける」ようにサポートすることに徹し、すぐにヒントや答えを教えることはありません。

場合によっては教えることもありますが、あくまで「自力で解ける」ようになるために行うものです。ただ解法を教えるのではなく、強い学びをしてもらいたいと思っています。日頃からそういう学びをしている塾生は、応用力も付いてくるので、受験対策をしても点数が伸びやすいと感じています。塾生の成長段階に応じて、講師の対応は変わってくると思っています。

ファイブスター学習塾では、3年間分の講義を収録したものをiPadで視聴します。問題集・ノートは、紙のものを使います。

○授業は、自宅でも受講できる

ファイブスター学習塾で提供している授業は、インターネットがつながれば、いつでも・どこでも受講することができます。スマホ・タブレット・パソコンなど、何でもＯＫです。

塾に来たときだけしか知識を得られない時代は終わり、やる気があればいくらでも進んでいける「学習の高速道路」が整備されています。アクセル全開で進んでいけるよう、講師は進度管理をしながら、適宜アドバイスをしています。

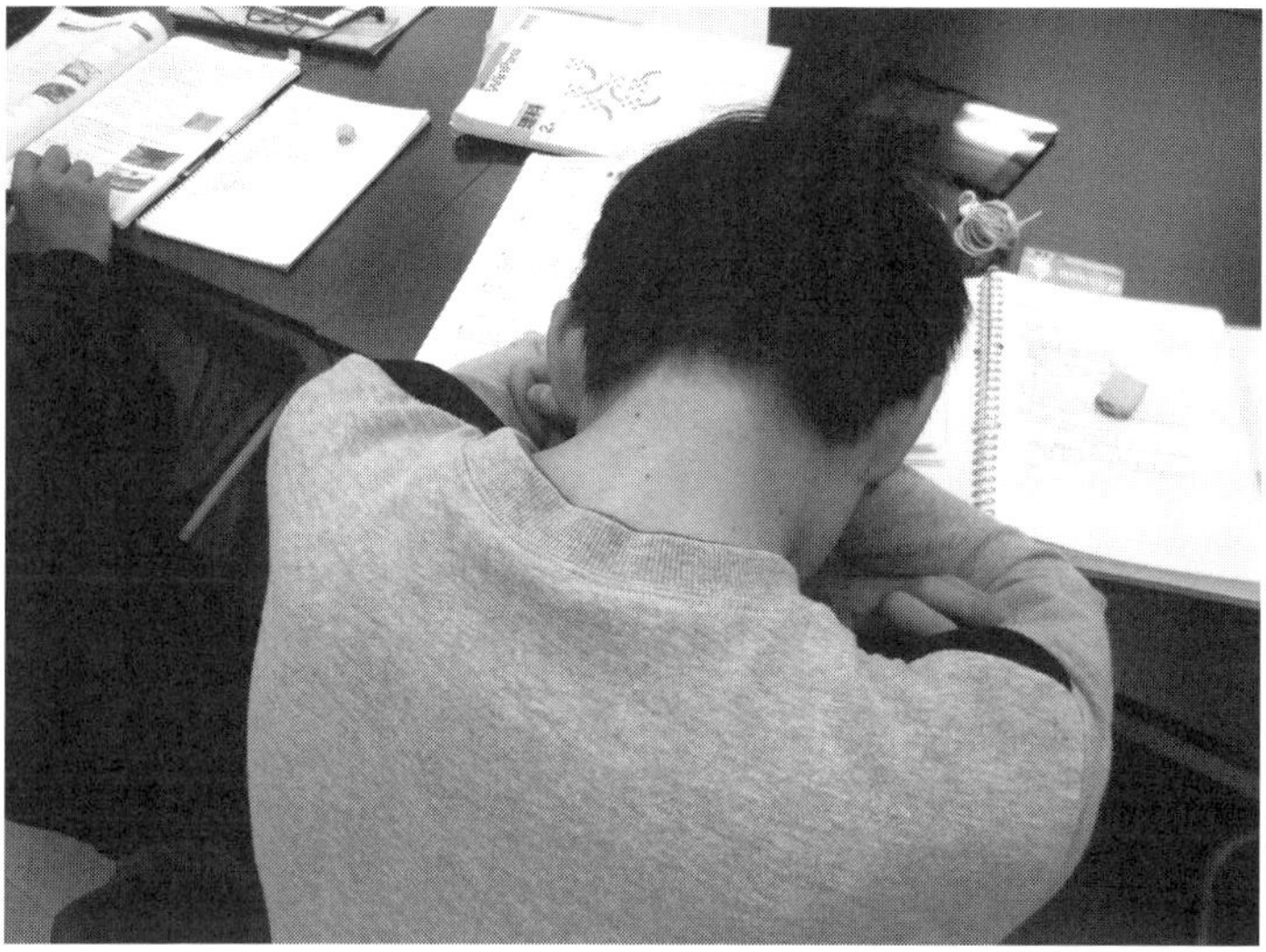

ファイブスター流（指導編）――中学生・高校生クラス

○寝ている生徒への声かけ・次の成長につなげるタイミング

やる気がそこまで高まっていない生徒に「なんで寝るんだ！」と言っても、反発を招くことが多くあります。もちろん、その日の学習が進むように促しますが、日々の成長の中で、「勉強できる態勢」にもっていきます。

その姿勢になっている（なろうとしている）生徒に「なんで寝るんだ！」は通じるかもしれませんが、その、「寝る」という行為の背景に何が起こっているのかを深読みした、戦略的な声かけが、やる気の芽を潰さないためにも必要なことだと思っています。寝ることに限らず、すべてのことに言えると考えています。

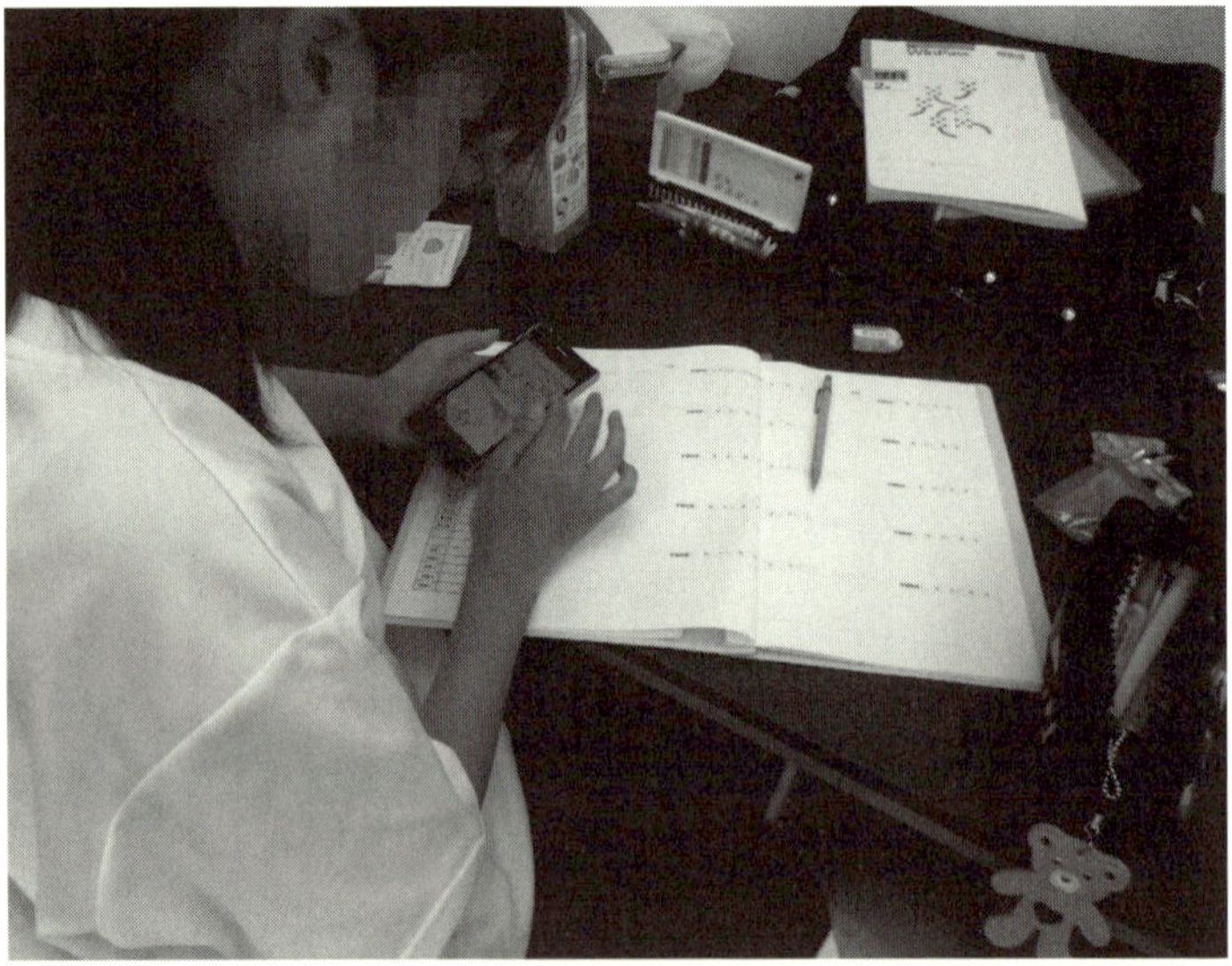

菊池先生の「プロフェッショナル　仕事の流儀」内で紹介された「啐啄」です。「寝る」行為だけをとれば「いけないこと」かもしれませんが、私は声かけできるチャンスだと捉え、大歓迎です。

○学習中、スマホOK、飲みながらOK

これは賛否両論があると思いますが、当塾では学習中のスマホ、飲み物を許可しています。本来、学習中にスマホに気が取られて、学習が疎かになるのはよくないことは明らかですが、あえて使用を許可しているのには理由があります。

成績がよい生徒、伸びる生徒は、メリハリが付いています。スマホを触るときは10分くらい一気に触り、学習を再開したらカバンの中に入れて、一切触りません。一方、成績がよくない生徒は、ずっとダラダラ触っている傾向があります。

私は、成績がよくない生徒は、理解力がないというより、そもそも頭に入るような学びの態勢になっていないことが原因だと考えています。その積み重ねが、よくも悪くも点数に現れているのだと考えています。

私の権限で、「スマホ禁止!」とすれば済むことですが、それでは私の権限が及ばないところ（自宅など）では、スマホを触りながら宿題をしているはずです。「なぜ、スマホをしながらではいけないのか」ということを理解し、個々人の根っこの部分が変わらなければ、大人が強制力をはたらかせて禁止しただけでは、根本的な解決にはならないのです。

だからこそ、「スマホを、自らしまう」という行動が必要です。そのためには、その価値を知り、理解し、その価値を実感できないと、大人が何を言っても分かってくれません。その実際が、教室の場で行われるように、初めからスマホＯＫとしているのです。

○自分たちで工夫して学ぶ

効率性を重視しながらも、自分らしさを大切にしています。ある一定までは、私がきっちり示す必要があると思いますが、学び方は、人の数だけあります。

私と生徒の、点数を上げる・志望校に合格するといったようなベクトルが、同じ方向を向いてさえいれば、どんな方法を用いてもいいと考えています。どんどん工夫して、自分なりの勉強法を確立して

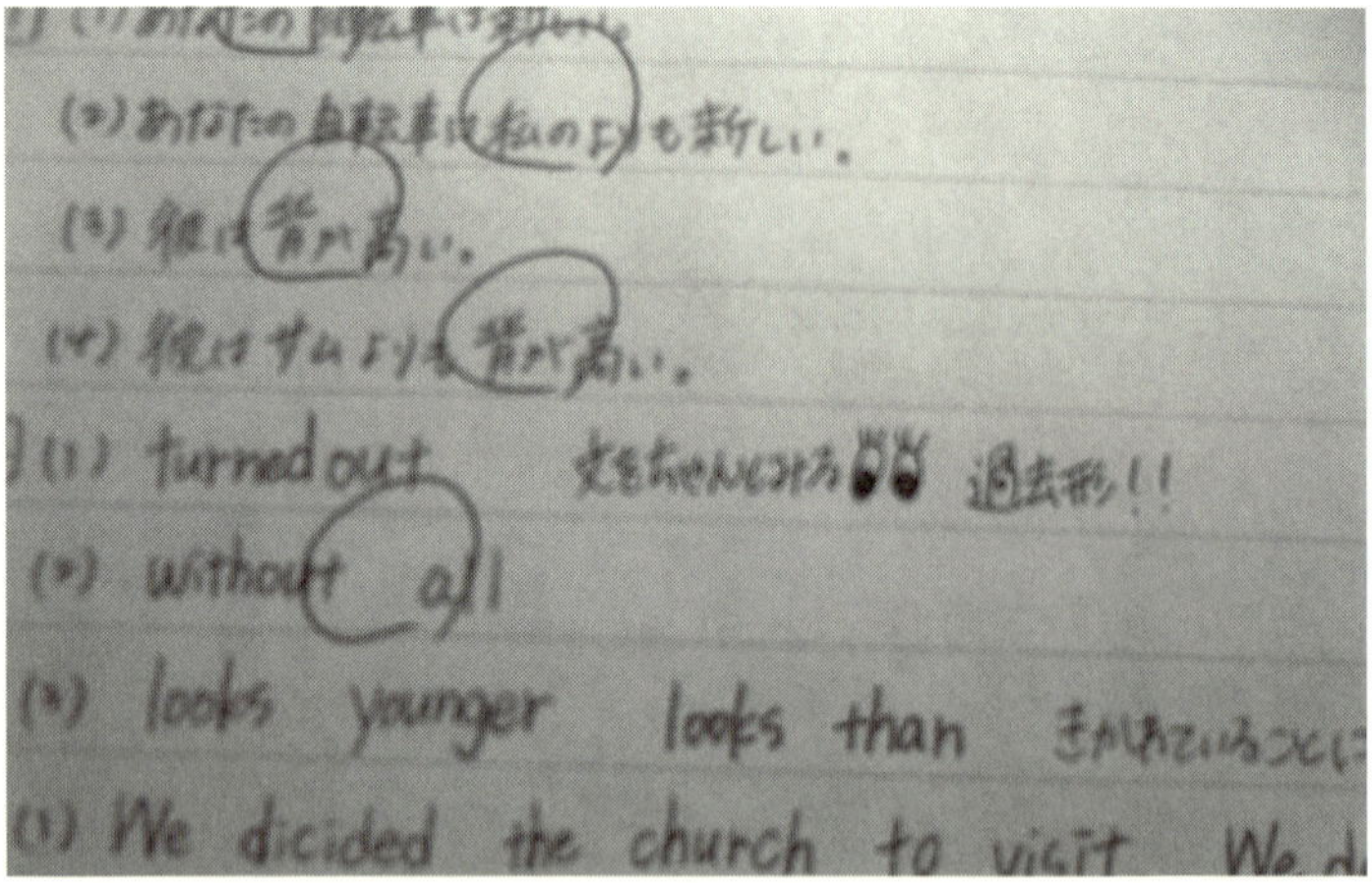

どうしても過去形にするのを忘れて、点を落とす塾生が、横に「文をちゃんと見る」と書いています。しっかり自己分析し、自分が克服すべき課題を把握しています。自分で実際に、壁にぶつかったから分かることです。

全問正解したページに、「覚えた（全部）」と書いた付箋を貼っていっていました。当塾では、何度も繰り返し同じ問題を解いて、全問正解を目指しているのですが、全問正解するという強い気持ちを維持できた結果だと思います。この状態でテストに挑める準備をしようと、日々頑張っています。

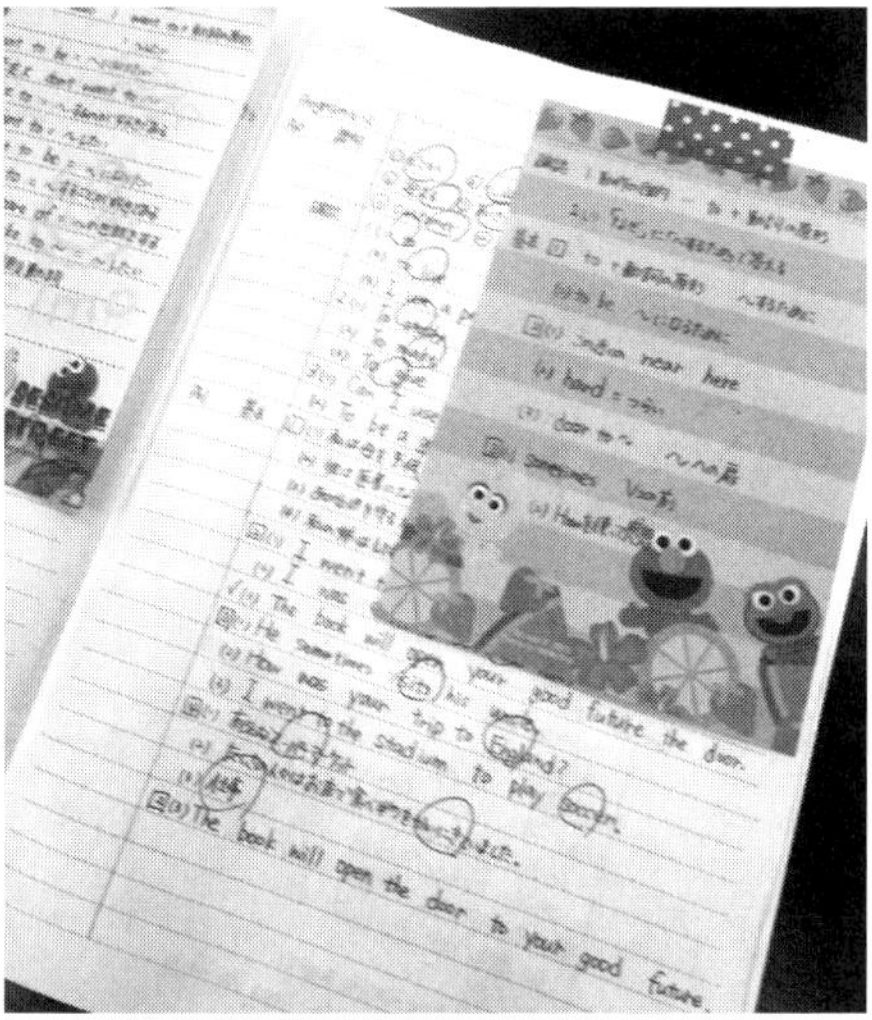

間違ったポイントを、紙に書いてノートに貼っています。家に帰って、もう一度復習するときに、復習しやすくするためだということです。根気強さ、丁寧さなど、いろいろな価値が思い浮かびます。

もらいたいと思っています。

学びの場は、どんどん増加・多様化しています。学習塾も、塾が作った枠に生徒を当てはめて指導するだけでなく、生徒個々人に合わせられる体制を整備することが求められていると考えています。

○学び合いが起こる

「自信が人を伸ばす」というように、成功体験が多ければ多いほど、自信が付くと考えています。その自信がモチベーションになり、物事に前向きに取り組むようになります。ファイブスター学習塾では、従来の学習環境と比べて、この成功体験を多く体験できるような環境をつくっています。

次のページの下の写真の左の生徒は常に成績がよく、いつも右の生徒に教えていま

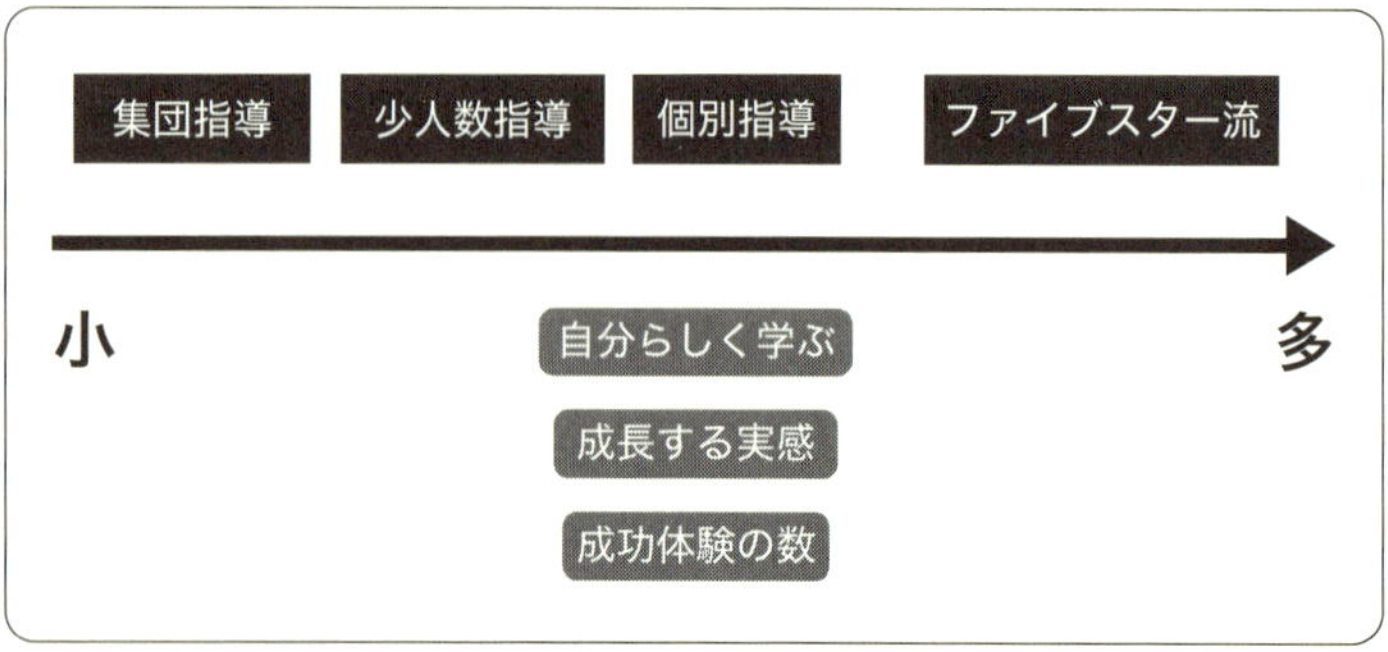

【ファイブスター流の、自信が人を伸ばす工夫】 成功体験の数を増やす独自の工夫が、塾生一人ひとりが成長している実感を伴い、自ら学んでいくようになります。だから、飛躍的に伸びるのです。

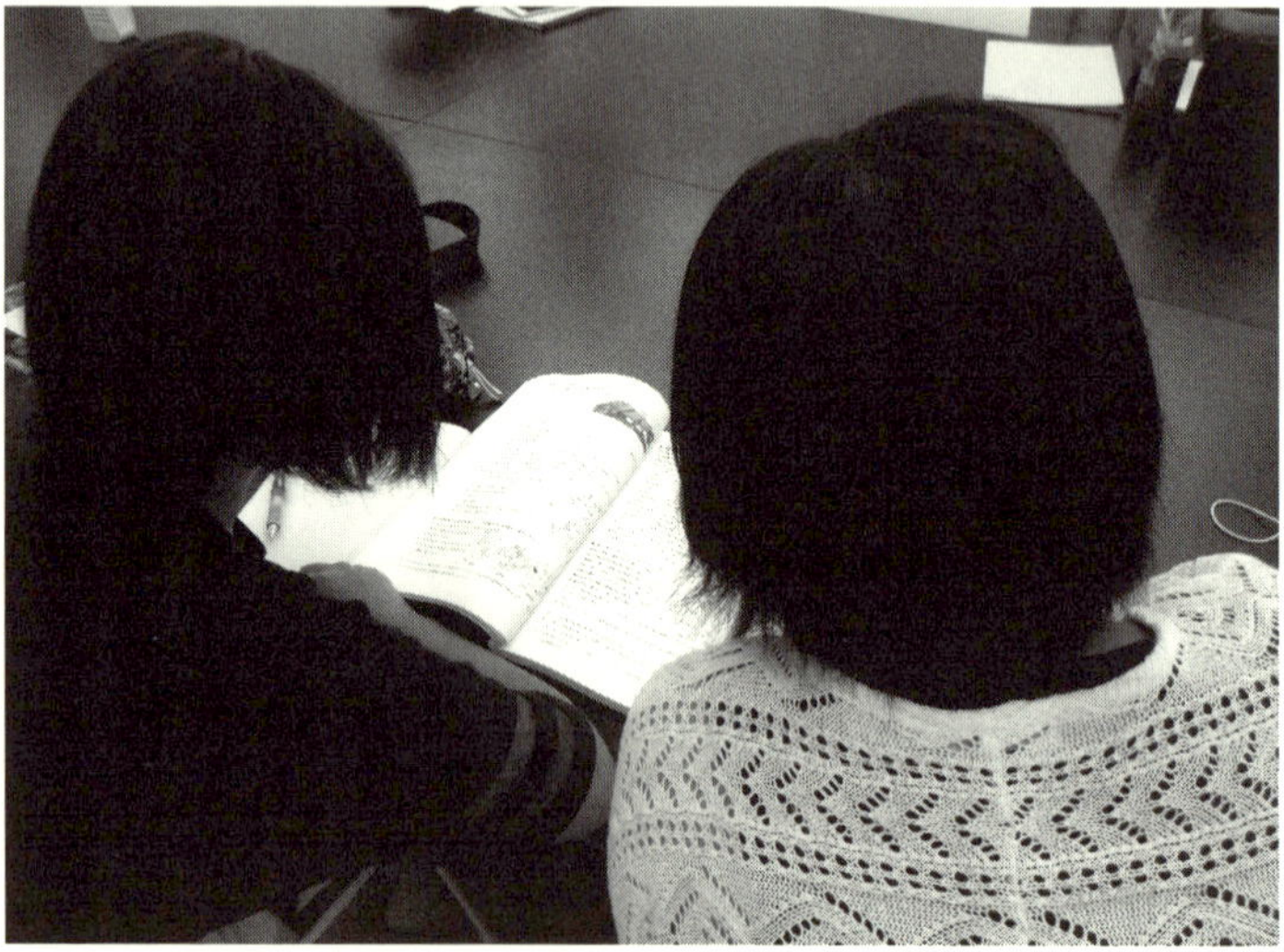

した。この写真では、逆に右の生徒が教えているところです。自分は勉強ができないと言って、公立高校は行けないんじゃないかと言われていた生徒でしたが、無事に公立高校合格を果たしました。日々の学びの中で自信を付けていくことが、こういう良い変化をもたらします。この事実の価値をしっかり伝えることで、より自信は高まります。

また、人に伝えることで理解が深まります。私が教えたらある意味では早いのかもしれませんが、友達同士で教えあうこともまた、知識の定着には必要なことです。アクティブ・ラーニングとまではいきませんが、自分の学びの中で得た知識を人と共有し、お互いが高め合うようなことは、一つの良い形なのではないかと考えています。

◯授業だけが学びではない。ファイブスター学習塾の特別講義！

ファイブスター学習塾では、内面的な成長に重きを置き、それを受験合格につなげていきます。そのアプローチの仕方は無限にあります。その機会をなるべく多くするため、様々なイベントを企画しています。

私は、教科書では学べないことの方がたくさんあると思っています。もちろん受験教科を最優先にしないといけないのですが、イベントを通じて知ったこと、考えたこと、感じたことは、内面的な成長につながると考えています。例えば、イベントを通じて中学生が高校生とも話ができます。リアルな高校を聞くことでやる気が出るはずです。私が「勉強しなさい」というより、ずっと効果的です。

【自分たちで企画・出店し、利益を得たフリーマーケット】「何が、地域の人たちに受け入れられるのか？　喜ばれるのか？」を考えました。自分たちを育ててもらっている地域の方々への恩返しと思って企画しましたが、逆に地域の方々が、出店のために協力してくださいました。当たり前にあるものは世の中に何一つなく、自分たちは誰かに支えられ、生活できているということを、身を以て感じました。感謝の心が芽生えました。

【夏休み企画！　バーベキュー&花火大会】 普段は見ることのできない先生の顔、学年や学校を超えた交流です。縦の関係、横の関係、斜めの関係。こういう場は「宝箱」です。

ファイブスター学習塾で起こる、良し悪し関係なくすべての事実を、個の成長に結びつけられるように仕組んでいるのです。個が成長すると、集団がまとまります。最終的には個人の戦いですが、日頃は互いに高め合い、一緒に合格を目指そうという雰囲気になります。学習塾は、塾生一人ひとりが創るものです。こうやって、驚異の塾生を輩出する学習塾を目指しているのです。

連携が、地域の子どもたちを支える

これからの学習塾が果たす教育の役割とは何なのか、考え続けながら、塾のあるべき姿を考えています。

私の立場で、塾に通う塾生と接する中で思うことは、「学校・保護者・塾（習い事）」の連携が重要だと考えています。少なくとも、お互いが理解し合う関係性が欲しいと思っています。

学校と学習塾は長らく対立構造にあったと感じています。持論ですが、学習塾が学校の弱点を突くカタチで、成長してきた背景があると思っています。学習塾が、学校ではできない受験指導を担っている側面はあると思います。その中で、学校で学ぶことがなおざりにされているのは、どこか間違っていると思うのです。

受験も進学も手段の一つであり、どんな道に進むとしても、社会性が身に付いていないと、将来社会に出たときに困ります。受験がゴールではなく、そこで学んだ知識は、世のため人のために使うものです。大人が、学びの価値、知識の価値、その子どもの価値を伝えなければなりません。

安易に学校に全てを要求するのではなく、家庭教育も大事ですし、冒頭述べたように、地域の教育力も重要です。現実的な範囲で、地域総ぐるみで社会に通用する人間を育てないといけないのではないでしょうか。

今の時代、これだけ様々な特性を持った子どもたち全員に対応するには、地域の連携という視点が必要ではないかと考えています。子どもにとって、学校の先生も塾の先生も、スポーツ少年団の監督も、その子どもにとっては、「先生」に変わりありません。これまであった垣根を越えて理解し合う関係性が、地域の教育力を育むような気がしています。

その点でも、6月7日のフォーラムは、四国四県の、学校現場の先生、教育委員会の先生、教育関連企業の経営者が集結し、それぞれの立場から「これからの教育」を語り合ったのは、これまでにない画期的なフォーラムだったと思うのです。また、教員・保護者・学生と、様々な方にご参加いただくことができ、これは深い意味があると思うのです。

私は、子どもたちを地域で包み込んであげられるような温かい環境が理想だと考えています。その一端を、学習塾も受験合格を柱としながらも、その範囲を拡大する方向で担えるように進化・深化させていきたいと考えています。

フォーラムのパネルディスカッションでは、「教育」という同じカテゴリに属しているものの、やっていることは違う者同士が討論して、「これからの子どもたちのために、何ができるか。何をするか」という共通課題に行き着いたと思います。

パネリスト間の連携があれば、共通課題を解決できる可能性を感じました。ここでの連携とは、情報共有を主な目的とした、ビジネス的なことを想定しているのではありません。民間同士であれば、ビジネス的な視点があってもいいと思いますが、私は学習塾として、様々な機関・団体と連携が取れるように、日頃から準備しておくことも必要だと思っています。

例えば、当塾が創ってきた学習環境により、ｉＰａｄが1台あれば、先生のところに出向かなくても、教科学習ができ、志望校合格を目指せる時代になりました。また、様々な理由で学校に行けなくても、フリースクール等に通うことにより、単位を取得できる方向に議論が進んでいます。

学べる場は、どんどん多様化してきています。学校を基本としつつも、当事者では解決しきれないところを、それぞれの強みを持った組織や団体と連携し、子どもたちを多角的にサポートできるということは、より子どもたちが自分らしく学び、自分らしく活躍できる場を新たに創ることにつながると考えています。

菊池先生との対談

以前、菊池省三先生のメールマガジンの対談コーナーに、出させていただいたことがあります。「教育とは何か?」というテーマで、私は「教育とは、自己解決に導くこと」と言っています。私は、

菊池省三先生と、対談後に撮影。「メールマガジン　菊池省三の未来を創る学級」に掲載。

学習塾の講師という立場でしか動けませんが、受験をとおして、自己解決できる人間を育てたいと考えています。そのための手法・手段が、いまの学習環境、学習法、指導法に至っていると考えています。

ものごとを、自分で解決できるスキルが備わると、自らの進路を考え、自らの発言に責任をもち、自発的で能動的な学びができると考えています。すなわち、冒頭にも書いた「自立・自律」した人間です。日々の学習や塾で開催するイベントの中で、壁にぶつかり、どうにか乗り越えようとする過程。自分らしさをもち、それを安心して出せる環境や、学びの場。私が手を差し伸べるタイミングなど、「勉強ができればいい」という単一的・部分的なところに留まりません。

社会性を身に付け、内面的な成長を伴う中

で、学力は自然かつ飛躍的に上がっていくと考えています。そうやって身に付けたものは、世のため人のために役立てるものだと考えています。これは、とても魅力的な人間像だと思います。

しかし、自分で解決すると言っても、もちろん最終的には、保護者の了承を得て決めることになります。何でも、自分の思い通りにいくことはないので、これも重要なことだと思います。いろいろなことに折り合いを付け、高みに向かって、自分なりの最善策を探していく。強く逞しく、しなやかな心が必要なのです。

菊池実践の普遍性

菊池先生の実践や、アクティブ・ラーニング、テクノロジーの発達により実現したeラーニングを用いる指導法が出てきて、学校教育は時代のニーズを、より反映できるものになると思います。

学校の教育力の低下が指摘されますが、全国津々浦々の子どもたち一人ひとりに、一定の教育を提供できているのは、すごいことだと思います。また、せっかくの休日にも関わらず、研鑽を積むために、自費で全国を飛び回って学んでいる先生方もたくさんいらっしゃいます。

ただ、従来のような知識伝達の一斉指導の教育観・指導観では、先が見えてしまっています。枠に当てはめる、量産型の教育システムでは、キャシー・デビットソン氏が「２０１１年にアメリカの小学校に入学した子どもたちの65％は、大学卒業後に今は存在していない職業に就く」と予測しているように、子どもたちの「考える力」「生きる力」を伸ばしていかないと、未来に何が起こるかまで、予測が難しい時代になっています。だからこそ、その力も育む形で、学習塾としての最大の役目を果たしながら、日頃のサポートをしていかないといけないと考えているのです。

また、過度な成果主義に偏ってしまうことの問題は、進学した後のビジョンが、なかなか見えてこないことにあると考えています。また、根っこの内面的なところへのアプローチなしに受験テクニックを伝授しようとすると、やはり一定以上のできる層にしか響きません。そのアプローチなしに従来どおりの指導を続けると、「全員に学ぶ機会を保障する」ことはできず、響かなかった生徒は辞めていくか、脱落していってしまいます。その結果、納得いく進学ができないといった悪循環があるように思います。やはり進学の目的や意義が明確になる受験指導、進学後にどうしていきたいのかといったようなキャリア教育がとても重要になると思います。

受験は手段。受験は生まれたときから始まっている

ファイブスター学習塾は、高校生クラスから始まりました。

その後、中学生クラスの開講に至り、近年小学生クラスも開講しました。だんだん学年が下がっていったのは、ある意味自然な流れだったと思っていますが、深い意味もあるのです。

冒頭にも書きましたように、「自立・自律」といったような内面的な成長の結果、学力が次第に上

がっていきます。これは、学力に限ったことではないと思いますが、日々の学びの延長線上に受験があり、受験は特別なものではありません。もう、小学生のうちから受験は始まっていると思うのです。極論かもしれませんが、生まれたときから始まっているかもしれないとさえ思うのです。

過去の私なりの反省のように、最強の学習環境を構築しても、それを活用できなければ意味がありません。土台がしっかりしていないところに、受験テクニックを乗せても、高い相乗効果は期待できないのです。土台をしっかりしようとすると、対策面の話では基礎演習を、という話になりますが、そもそも基礎力を付ける過程で、やらないか、途中で挫折してしまいます。そうならないための、何らかの教育的な視点からの手立てが必要になるといった結論に至ります。

学習塾の最大の役目は、個々の志望校合格をサポートすることですが、受験は手段であり、人生において重要な選択ではあるものの、特別なものではありません。学歴主義に終始することもなく、どこかに滑り込ませれば済むというものでもありません。やはり、将来のビジョンをもつことが大切になります。培ってきた知識は、社会に出たときに人のために使うものであり、学びには相手軸が欠かせません。

そう考えると、内面的な成長に重きを置く指導は、必要不可欠であると考えています。また、これまでの取り組みの中で、内面的な成長に重きを置く指導により、勉強が得意な生徒も、勉強が苦手な生徒も、全員が志望校合格に向かって頑張れるようになったのです。

最後に、大人が子どもの可能性を信じ続けることが大切だと考えています。時には、教師が強い覚悟をもって、待つことも必要かもしれません。「啐啄」です。

　これからを生きていく子どもたちは、社会からいろいろな影響を受けながら、自分たちで歩んでいくはずです。自分の手を離れたあとは、子どもたちに委ねるしかありません。どんな状況でも、前に進んでいける人間を育てることは、塾生が受験を突破する責任を負うのはもちろん、その先にも責任を持てる塾でありたいと思っています。

教師は、挑む背中で子どもたちに語りたい

　菊池省三先生の書籍「挑む」（２０１５年　中村堂）の終わりの方に、このように書かれています。

「教師である自分が全て責任を負うという覚悟は、子どもたち一人ひとりの学びに対する尊敬の上にできあがるものです」。

　今日も、このような気持ちで生徒たちと向き合えたでしょうか。目の前で起こる事実と誠実に向き合い、そこから深読み・深掘りができたでしょうか。成長を信じて、ぐっと未来を見据えることができたでしょうか。

　こうやって、自分なりに自問自答しながら反省する中で、何より自分自身が成長してきたことに気付きます。

　だから、人は学ぶのだと思います。

先を行き、手本になる者は、背中で物事を語れる人でありたい。

そのような講師たちと、学習塾を進化させていきたいと思っています。

その中で驚異の生徒たちを輩出し、卒塾生がいつでも遊びに帰って来ることができるよう、長く存続する塾を運営していきたいと強く思っています。

第六章　関係性に焦点を当てるチームビルディング

牧野　真雄

菊池先生との出会い

菊池省三先生が、ＮＨＫ「プロフェッショナル　仕事の流儀」に出演された当時、私はある大学でキャリアデザインの授業を担当していました。大学2年次に全員が履修しないと卒業できない必須科目でした。その授業を毎週3コマ担当していたのですが、ある一クラスを除いては、グループ討論やグループワークをしようとしても盛り上がらないグループがほとんどで、まったく会話がないグループもいくつかありました。自己紹介すらできない学生、相手の目を見ることができない学生も少なくありませんでした。最初からグループワークをしたら話しづらいだろうからと、隣の人と二人で話し合わせようとしても、一言も会話をしないペアは少なくありません。あるとき、グループワークをしていたときに、話し合いはしているのだけれども、誰も話している人の方を向いていない、話している人も誰の顔も目も見ないで話をしている様子を見たので、

「話し合いをするときは目を見ようね。普段友達と話すときは目を見るよね」

と声をかけました。すると、一人の学生がこう答えてきたのです。

「先生、いつも友達と目を見て話はせんよ。そんなの恥ずかしいやん」

この返答に度肝を抜かれました。大学2年ですから19歳か20歳です。成人式を迎える年齢なわけです。話し合うときは正対する。相手の目を見て話をする、話を聞く、という私が常識だと思っていたことは、彼らには非常識だったわけです。

そのような授業風景ですから、講義をして質問を投げかけても誰も手を挙げる人はいません。一人ひとりに聞いていくと、「分かりません」の連続ですが、中には「分かりません」が言えずにずっと沈黙をしている学生もいました。

授業を聴く態度も、授業が開講して初めの頃は2～3割の学生は机にうなだれています。あるクラスでは、それを注意した瞬間に何も言わずにその学生は席を立って退席しました。「叱られ方」を身に付けてないのです。叱られたらどうしたらいいのか、どうすべきなのか、それを知らないのか、したくないのかは分かりませんが、注意されたとき、叱られたときにその場で謝ることができる学生がそれだけで優秀に見えました。

もともと大学の教員は、教育者という役割よりも研究者という役割の意識が高い先生方が多いと感じています。そのような教員の中には、受講態度については講義の邪魔にならなければ注意はしないという先生も少なくありません。加えて、大学の講義は大人数で自由席のため受講態度が悪くても誰の態度が悪いのか把握していないことも多く、それで単位を落とすようなこともありません。また、大学教育では授業評価が取り入れられており、学生が講師を評価します。そうなると、講師は学生から嫌われたくないという心理がどこかで働きます。それで、より注意をしなくなる教員も増えてしまいます。

ですが、実はこういった現象はなにもその大学だけのことではありません。公的機関での就職セミナーなどでも同様にコミュニケーションが苦手な若者がたくさん受講に来ます。他大学での授業でも同様に、自己紹介ができない、議論ができないというような傾向があります。

そのようなときに、NHK「プロフェッショナル　仕事の流儀」で小学校教諭・菊池省三先生を知りました。番組を見ながら「この教育だ！」と感じました。先ほど取り上げたような大学生の多くは小学校から大学の間で身に付けるべきものを身に付けて来なかったわけです。それが家庭で身に付けるものなのか、学校で身に付けるものなのか、地域コミュニティで身に付けるものなのかは、どこと特定できるものではないと思っていますが、ただ身に付けていないのなら学校教育で身に付けさせようとする菊池先生の授業観に強く共感しました。子どもは、放っておいても良い方向に成長はしない。成長をさせてあげる人が必要であり、それが教師であるという使命感からくる先生の子どもたちに対する態度にも心を打たれました。

「自信を持たせる」「ディベート」「啐啄」「価値語」「叱られ方」「人と意見を区別する」「ほめ言葉のシャワー」これらのキーワードが一つ一つ頭の中に入ってきては心に残っていったのです。

よく菊池先生は子どもを育てているのではなく人を育てていると評されますが、まさしく同じ印象をもちました。菊池先生の学級づくりは、普段私が企業で行っているチームづくりのファシリテーションとの共通要素がとても多いのです。このことは後ほど詳しく述べますが、企業の社員教育で行うレベルと同等もしくはそれ以上のことを子どもに要求していることがすごいと感じました。もちろん、ただ要求しているわけではありませんから、要求できるレベルまで育てていることが注目すべき点です。しかも、菊池先生が使われる一語一語がとても洗練されていて、その言葉の力を子どもたちが自分たちのコミュニケーション力として獲得していることは驚愕でした。

菊池流教育は、小学校や中学校の学校現場だけではなく、大学、専門学校、就職支援現場、そして企業で起きている問題を解決できる人財育成の流儀ではないかと強く思っています。

なぜ今コミュニケーション教育が重要なのか

教育関係の著書になぜ民間の私が執筆を担当しているのかと疑問に感じている方も多いかもしれませんので、改めて自己紹介をさせていただきます。私は「人と組織、社会を輝かせる人財共育会社」(株)カイシンの代表として組織開発、脳力開発、キャリア開発の3領域で仕事をしています。

仕事の内容と教育との関連性は後ほど説明しますが、現在の仕事をしている経緯について簡単に紹介させていただきます。

最初のきっかけは15歳、中学3年生の時でした。学校の図書館で戦争の写真集を手にして一通り目を通したことで私の世界観が大きく変わりました。世の中には本人の力ではどうしようもない環境の中で苦しい人生を送っている人がたくさんいる。そう思いました。また、ちょうどこの年に阪神淡路大震災も起きました。これら一連の経験から、とにかく自分の無力さと社会の理不尽さを痛感しました。この小さな社会への違和感が高校生のときの将来設計へとつながります。

高校生になって将来の職業を意識し始めたときに、社会をより良くする仕事がしたいと思うようになっていました。しかし、気になる職業を片っ端から調べましたが絞り込むことができず、その中で出したとりあえずの答えが2つありました。「社会の人々に大きな影響を与えるのは教育とメディアである」、「社会を変えるには個人でなく組織で動く必要がある」。この答えから、「人と組織のスペシャリストになる」という進路を決めて、まずは大学で脳科学を学ぼうと決意しました。

大学では専攻での学術的な学びと並行して、部活道、体育会執行委員、町道場、ボランティア、アルバイト等でリーダー的役割を務めさせていただき実践的に学ぶことができました。「人と組織のスペシャリスト」がテーマですから、当然ながら自分がリーダーを引き受けたベースとなる活動は自然と力が入り、リーダーシップ、マネジメント、コーチング、組織論等の著書を読んでは実践し、失敗しながら僅かな成功体験を重ねました。出来の悪い私を後輩、先輩、同期、先生方が支えてくれて進むことができました。現在私が公認の研修講師を務めている『7つの習慣®』と出会ったのもこの時期で、この学生時代の経験が私の土台になっていることは間違いないと思っています。

そしてちょうどこの頃から、人間関係やコミュニケーションのあり方について深い興味を持つようになりました。自分が所属する部活動においてもですが、体育会活動で執行部の長をしていた私は、体育会系全体における人間関係のあり方、コミュニケーションの取り方の変化に危機感を感じていました。その変化とは、関係性の希薄さとも言えますし、自己開示に対する抵抗感が強くなったとも言えるものです。何せ仲良し同士では同調はするものの組織全体で協調することが弱くなり、組織力が徐々に失われていっていると感じていました。この傾向は年々強くなり、今の学生では顕著にその特徴が表れているように思います。

卒業後は、組織運営を学ぶために外食産業に進み店舗運営の仕事に従事しました。飲食店舗はまさしく人の問題、特にパート・アルバイトの教育が仕事の半分を占めていました。この仕事で感じたのは、大人社会で起きている人の問題は小学校や中学校で起きている人間関係の問題と大差ないということでした。互いに理解し合わず、認め合わず、対話しないから起こる人間関係の衝突、対立構造やいじめです。店舗運営は本当に色々と学ぶことが多く、今でも私の大きな財産になっています。

その後、人材コンサルティング会社に転職をして修行をさせていただきました。キャリア支援とチームビルディングを本格的に学び始めたのはこの頃からですが、これらもすべて今まで学んできたこととつながっていると感じました。そして独立をしたわけですが、実際に様々な企業や団体でチームづくりのお仕事をさせていただくと、ほとんどの問題は、店舗同様に小学校や中学校で起きている人間関係の問題と大差なく、その人間関係の問題は、心のあり方とコミュニケーションのあり方に起因しています。

最初に大学生の事例を出しましたが、何度も言うようにコミュニケーションがとれないのは大学生だけではありません。社会で働いている大人たちの中にも、グループワークができない方々は少なくありません。つまり、自己開示と自己表現、他者受容と他者理解がなかなかできない、なにより自ら空気を創り出せる人が少ないのが現状かと思います。菊池先生の価値語をお借りするならば「一人が美しい」が実行できない人が多いのです。繰り返しになってしまいますが、だからこそ菊池流教育

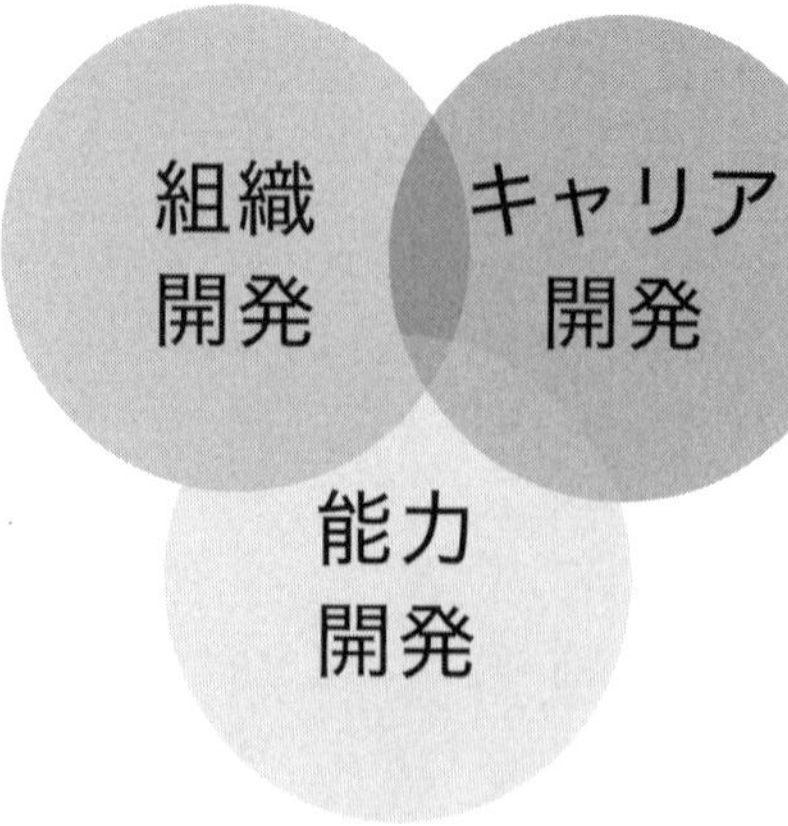

に、現代社会が抱える様々な人の問題を解決する可能性を感じているのです。

ではここからは、私がしている仕事である組織開発、脳力開発、キャリア開発の3領域について説明します。

組織開発という言葉は聞きなれないかもしれませんが、組織の健全性と効果性を高めるために構造・風土を変えていく取り組みのことを指します。私たちは、その組織開発をチームビルディングというアプローチ法で行っています。チームビルディングを一言で簡単に表現すると、チームづくりです。学校教育の世界で言うならば、崩壊した学級の立て直しはまさしく組織開発と言えます。このチームビルディングについては後ほど詳しく説明させていただきます。

次に、脳力開発です。その名の通り、個人の能力を向上させる取り組みです。一般的に表記される「能力」ではなく「脳力」としているのは、私が脳科学を学んでいるため、人の行動特性や技能の違いを脳の違いだと捉えており、能力を伸ばすのは脳を鍛えることと捉えているからです。人材育成の業界では、プロフェッショナルとして必要なスキルを3つに分けて考えることがあります。3つと

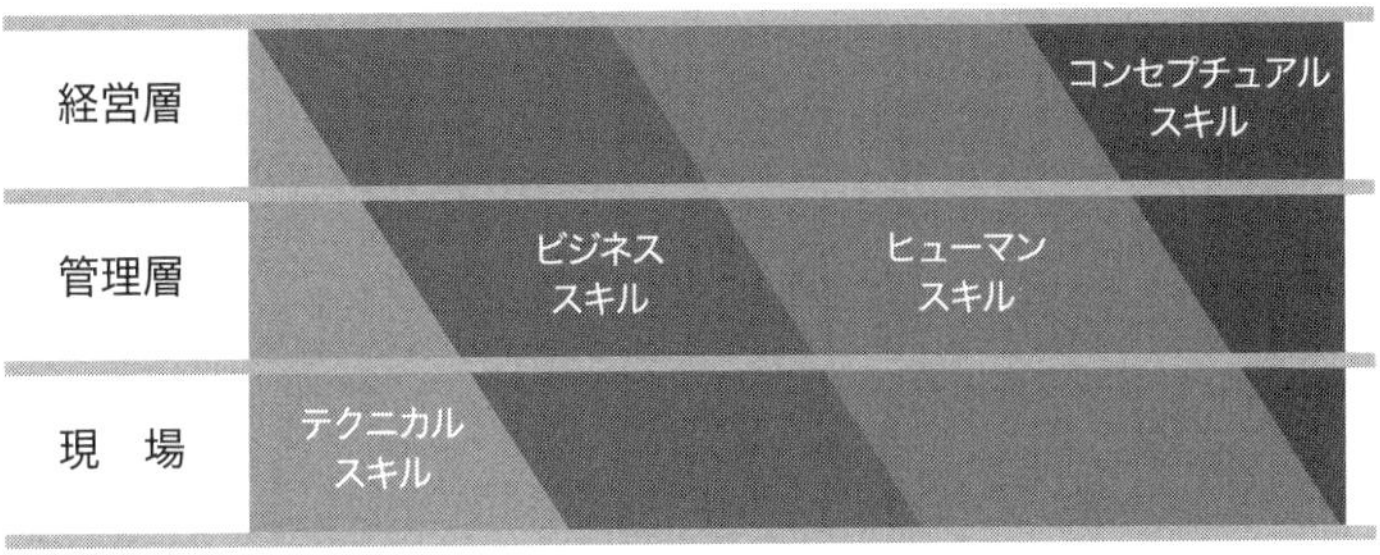

は、ヒューマンスキル、テクニカルスキル、コンセプチュアルスキルです。私はこの3つにビジネススキルを加えて4つに分けて考えます。

ヒューマンスキルとは、人として集団の中で過ごしていく上で最低限必要な技能です。たとえば、挨拶する、謝罪する、償う、感謝する、約束を守る、共感する、同調する、場の空気を読む、自分を律するなどです。教育現場で使われているソーシャルスキルに近い概念です。ビジネススキルは、ポータブルスキルとも言われ、ほとんどの業種や職種で活用することができる社会人として必要な技能です。ビジネス文書の書き方、パソコンの操作、電話応対、接遇、報告・連絡・相談、整理整頓、敬語やその他ビジネスマナーなどです。テクニカルスキルは、その職業や役割にとって必要な技能です。プログラミング技術、調理技術、営業術、簿記能力、図面設計技術、介護技術などです。スキルアップをする際には、これらの技術・能力を細分化して捉えて技能を磨いていきます。最後のコンセプチュアルスキルは、ビジネスモデル（商売の仕組み）を考える、組織の理念をつくる、経営戦略を策定する、などといった抽象的・概念的な思考能力のことです。

その4つのスキルの中で、私たちが行っている脳力開発は、職業で必要な一般的または専門的な技能ではなく、コミュニケーション力、人間関係構築力、自己管理力などのヒューマンスキルと、思考法、理念作成、自己の再定義、組織のビジョニングなどのコンセプチュアルスキルの領域にあたります。具体的な一例を紹介すると、世界で3000万部以上売れているビジネス書『7つの習慣®～人格主義の回復～』（スティーブン・R・コヴィ著）の研修プログラムを、公式ライセンスを取得して提供していますが、本研修はそれにあたります。余談になりますが、同書の教育プログラムは小学校4年生から大学生向けも開発されており、全国の私立中学校・高校・専門学校を中心に教育現場でも使われています。

3つ目のキャリア開発ですが、周囲から求められる役割と自ら求める役割の中で自分の価値観に沿った人生を主体的に歩むために必要な取り組みと捉えています。一般的には、キャリア開発には、職業選択、職業適性の拡大、職務能力の習得（資格取得や技能獲得）、職業観・勤労観の醸成、求職活動、キャリアステップ（職域の拡大）が含まれます。

現在の仕事を始める前は、先述しましたように、企業の採用支援を軸とした人材コンサルティング会社で働いていました。当時は、採用のコンサルティング営業という仕事もしていましたが、私の主業務が大学や専門学校との連携、就職マッチングイベントの企画運営、就職セミナーの講師でした。つまり、採用する側にアドバイスをすると同時に、学生にもアドバイスをするという立場です。就職・採用の本当のマッチングは、どちらか一方に原因があるということはなく、離職が起きたり、就職後に馴染めなかったりするのは双方に原因があります。

5．選考にあたって特に重視した点（5つ選択）

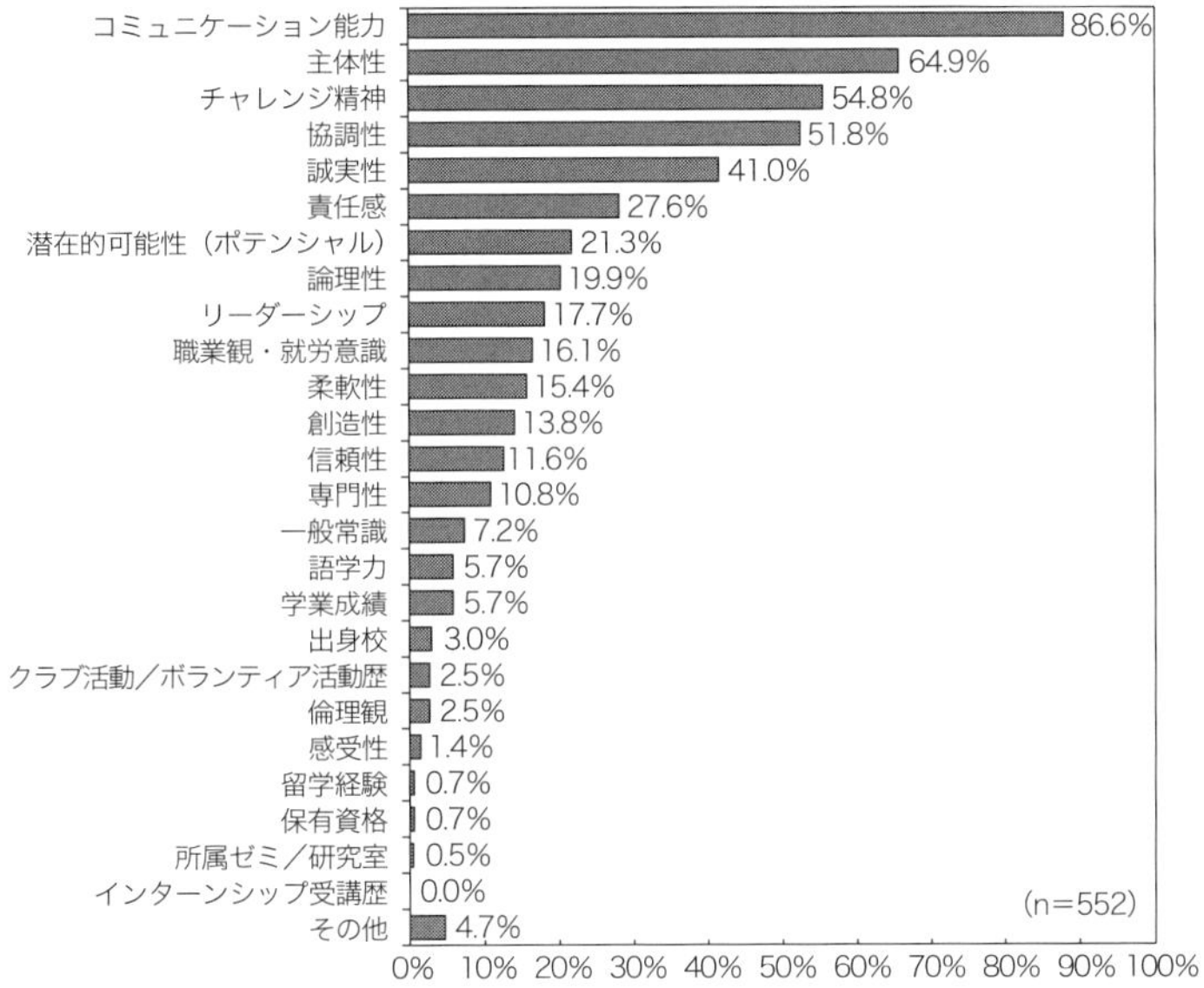

新卒採用（2013年4月入社対象）に関するアンケート調査結果より

【一般社団法人　日本経済団体連合会】

毎年「企業が学生に求める能力調査」というものを様々な機関が調査しています。そのような調査で、毎年1～3位の上位に選ばれている項目が、「コミュニケーション能力」と「主体性」です。他には「チャレンジ精神」「協調性」「誠実性」などが続きます。（日本経済団体連合会2013年新卒入社対象の調査）企業が「新入社員に求める能力調査」でも同様の結果が出ていますが、新入社員になると学生と違い、「課題解決能力」が要求されてきます。さらに注目すべき結果があります。大手人材サービス会社が行った「中堅社員に求める能力調査」でも、なんと第3位に「コミュニケーション力」が選ばれていることです。

ほとんどの企業側が、コミュニケーション力が課題であると、同じようなことを言っているということは、現代社会においてコミュニケーション力は仕事をする上で核となる能力だと言えます。

このことは二つの意味をもっていると捉えています。一つは、社会に出る前の学校教育の中でコミュニケーション教育がとても重要だということです。私の考えではやはり初等教育でしっかりとコミュニケーション力を伸ばす教育をするのが望ましいです。なぜならば、人はコミュニケーションを通じて学びを深め、学びを広げるからです。特に、実社会で必要とされる、チームで事を成し遂げる力は、コミュニケーションの力が大半を占めます。また、学びには必ずコミュニケーションが必要です。その時のコミュニケーションの質によって学びの質が変わってきます。文部科学省が推奨しているアクティブ・ラーニングはまさしくコミュニケーションの質によって学びの質が異なるものです。冒頭で紹介した私の大学での講義のように、授業スタイルを対話型にするだけでは生徒たちは主体的に学び合いません。まずはコミュニケーションを取れるようにした上で、コミュニケーションを通じてのアクティブ・ラーニングが有用性をもつのだと思っています。

そして、もう一つの意味は、企業が実施するコミュニケーションに関する教育研修は果たして効果が出ているのかということです。コミュニケーション力が大切であるということをどの企業も認識しているわけですから、当然ながら多くの企業でコミュニケーションに関する教育研修は行われています。それでも、コミュニケーション力に対しての問題意識がなくならないのです。新入社員に求める力がコミュニケーション力であるということは10年間同じことが言われ続けています。これは何を意味するのか。コミュニケーション力が不足しているという問題に対しての有効な手立てが見つかっていないということです。コミュニケーション力を高めること自体が困難なのか、コミュニケーション力を高めるには時間を要するからなのかは分かりません。しかし、管理職に不足する能力として、部下の指導育成という項目が挙げられていますから、どうもこれもコミュニケーション力と密接に関係している問題という気がします。そのように考えると、コミュニケーション力を高めること自体が困難だという方が認識として合っているような気がします。

そうなると、学校教育の中でコミュニケーション力を向上させることを企業が求めるわけですから、コミュニケーション教育が最も必要とされている時代だと言えます。

さらに、私が感じていることは企業のコミュニケーション教育研修の中に、菊池流のコミュニケーション教育を導入することで有効な手立てになるのではないかということです。このことも、後程触れたいと思います。

人の心と行動を理解する

私がキャリア開発、脳力開発をする上で、個人をどのように捉えているかについて説明します。よく言われることですが、教育する側や支援する側が相手は能力がない、これ以上成長しないと思えば、最大限の教育効果、育成効果は発揮されません。俗に言うピグマリオン効果です。同じように、相手を好きにならないと教育は難しいと思っています。

ところが、私が相手をするのは中学生から大人まで幅広く、普段は断然大人を相手にすることが多いわけです。しかも、ほとんどの場合が私より年齢が上の人生の先輩たちです。子どもならば成長期なので教えたら成長するのだと思えますし、子ども自身も成長するものだと思っているかもしれません。しかし、大学生以上になってくると、自分は変わらないものだという認識をもっている方は少なくありません。特に40歳、50歳を過ぎると、「この歳になったら変わらない」という言葉の呪縛に捉われるケースがとても多いのです。

だから、まず最初に私がすることは、「人は何歳になっても変わるのだ」ということを理解してもらうことです。そのときに使う図が左記のものです。

この図は、いわゆる人の性質・人柄について表しているものです。玉葱のように、人はいくつもの階層で成り立っていて、外の層ほど変化しやすいと捉えています。この図について説明していきます。

まず、一番奥にあるのが「気質」と呼ばれるものです。これは遺伝子で決められていて絶対に変わらないものです。ただし、遺伝子は環境によって発現したりしなかったりするという、遺伝子ON／OFF論というものがあり、私もこの考えを支持しています。

例えば、気質的に攻撃性が高い人がいたとしても、育った環境や現状置かれている状況、環境によっては、攻撃性が高いとはとても思えない温和な人でいることがあるということです。しかし、ひとたび環境が変わって攻撃性の遺伝要素が発現すれば、とても攻撃的になることもあるという具合です。

その「気質」の上に、「性格」というものがあり、さらにその上に「人格」というものがあります。日本人は一般的には「性格」と「人格」をあまり区別しませんが、英語では、「性格」はcharacter（キャラクター）、「人格」はpersonality（パーソナリティ）と呼び、その意味合いも区別しています。

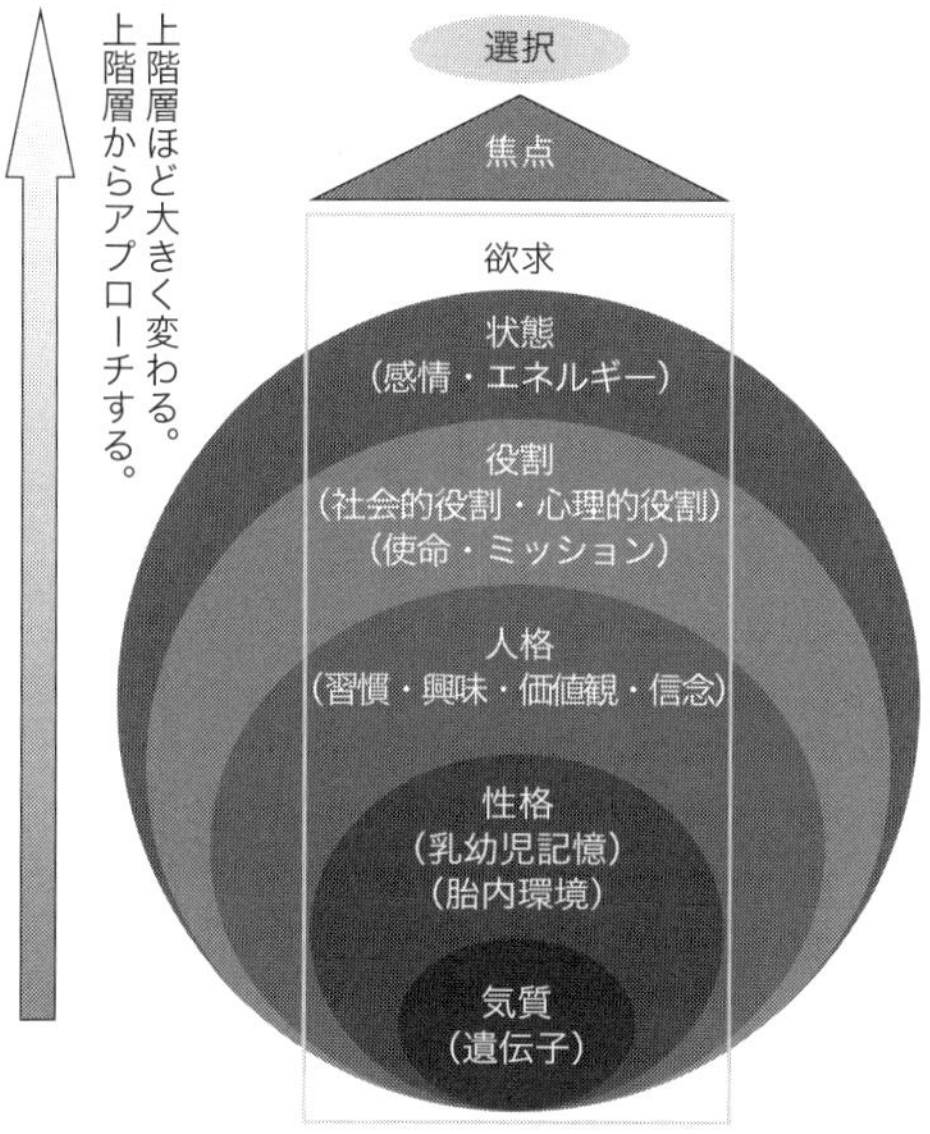

「性格」は変わらないものと捉えられています。日本で言うならば「三つ子の魂百までも」です。一方で、「人格」を表すpersonality（パーソナリティ）ですが、この言葉の語源はラテン語のペルソナ＝仮面という意味です。つまり、その場に合わせた仮面を被った自分だということです。ですから、「人格」は仮面を被ることでつくることができるわけです。

実は日本でもこのことを本来は区別しています。教育基本法には、「1条（教育の目的）教育は、人格の完成を目指し、平和で民主的な国家及び社会の形成者として必要な資質を備えた心身ともに健康な国民の育成を期して行われなければならない」と書かれています。

このように説明して、「人は変われない」と考えている方に、「性格」は変わらないかもしれませんが、「人格」は磨くことによって変わることができます、と伝えています。この「人格」をつくりだしている要素が、習慣、価値観、興味、信念だと捉えています。興味は普段どこに焦点が当たっているか、視点の中心をどこにもっていっているのかということです。価値観は、その人のあらゆるものごとの捉え方・定義づけ・意味づけです。菊池先生がされている価値語、価値づけ・意味づけはまさしく価値観を育てているということになります。習慣は、経験・学習から出来上がった癖やパターンです。何度も紹介している「7つの習慣®」は、まさしくこの習慣に焦点を当てて「人格」を磨くことを説いている書籍です。

「思いの種を蒔き、行動を刈り取り、行動の種を蒔いて、習慣を刈り取る。習慣の種を蒔き、人格を刈り取り、人格の種を蒔いて、人生を刈り取る」～サミュエル・スマイルズ～

「7つの習慣®」の和訳で紹介されている詩です。意識をして行動し続けることで習慣を形成し人格をつくりあげる。そうすることで人は変わり、人生が変わっていくことを表現しています。

ここでいう意識ですが、私の図では「役割」という層に該当します。「役割」には社会的役割と心理的役割があると考えています。社会的役割とは他者の関係性の中で必然的もしくは立場として生じるものです。例えば、親、子ども、弟、友達、クラスメイト、学級委員長、給食当番、日直、教師、主任、といったものです。「人格」はこの役割によって仮面を変えるわけです。友達の顔、兄弟の顔、仕事の顔、夫婦の顔など、相手によって自分のどの面が出るか変わります。すごく仲が良くていつも相談にのってくれる先輩だったら甘えるかもしれませんが、普段は自分が厳しく指導している部下には甘えないものです。「人格」と「役割」を理解すると、そもそも人は多面的なのだということが分かります。そうすると、今はどの自分を出しているのか、相手はどの部分を出しているのか、と考えることができます。

一方で心理的役割は、自分の心の中でできる役割です。例えば、盛り上げ役、残飯処理部隊、鍋奉行、なだめ役、といった具合に誰かに決められたり、必然的に発生するわけでもないけれど、自分自身が役割意識を感じ取るものを指しています。使命感や自分自身が自分に課したミッションなどもここに当てはまります。

その上にあるのが、「状態」というものです。これはその時の体調や気力（エネルギーレベル）や感情状態のことです。例えば、39℃の高熱が出ているときは、普段の自分より元気がないし、動きも遅いし、口数も減ります。同様に、感情的になっているときも、この状態に表れます。いつもは明るくて笑顔で愛嬌のいい子でも、嫌なことがあればしばらく笑顔が消えてしまうこともあるでしょう。

さらに、基本的な心理欲求というものがあります。愛されたい、認められたい、任されたい、安心したい、役に立ちたいなどといった欲求があり、人は基本的に欲求を満たすために行動をとると捉えます。逆の言い方をすると、なにか行動を起こした、あるいは起こさないというのは、なにかしらの欲求を満たそうとしているからだと考えるわけです。つまり、意識的なのか無意識なのかは別ですが、人の行動にはすべて意味があるということです。

「プロフェッショナル　仕事の流儀」で菊池先生が、「自信がないからつるむのでしょうね」とおっしゃっていましたが、まさしく満たされない欲求があるから、それを何か別の形で行動しているわけです。この欲求の満たし方はポジティブな方法もネガティブな方法もあります。

自信がない人が、自分の力や優越感等の欲求を満たすときに行う行動パターンでは、ポジティブな方法だったら自分の得意分野でがんばって周囲より良い結果をだすことなどが当てはまりますが、ネガティブな方法だったらいじめや蔑みなどがそれに当てはまります。

ポジティブに欲求が満たされないからネガティブにでも満たそうとする。これが人間関係を悪化させる大きな要因の一つです。菊池学級がなぜいじめがなくなるのか、それはクラスの友達でお互いにポジティブな方法で欲求を満たし合っているからです。ネガティブな方法を使う必要がなくなっているのです。

この欲求に関しては選択理論心理学という理論で盛んに研究と実践がされており、アメリカではこの選択理論心理学を取り入れたクオリティスクールという学校がいくつかあります。そこの学校も当然ながら、生徒たちはお互いをポジティブな方法で欲求を満たし合うのでいじめが起きていないと聞

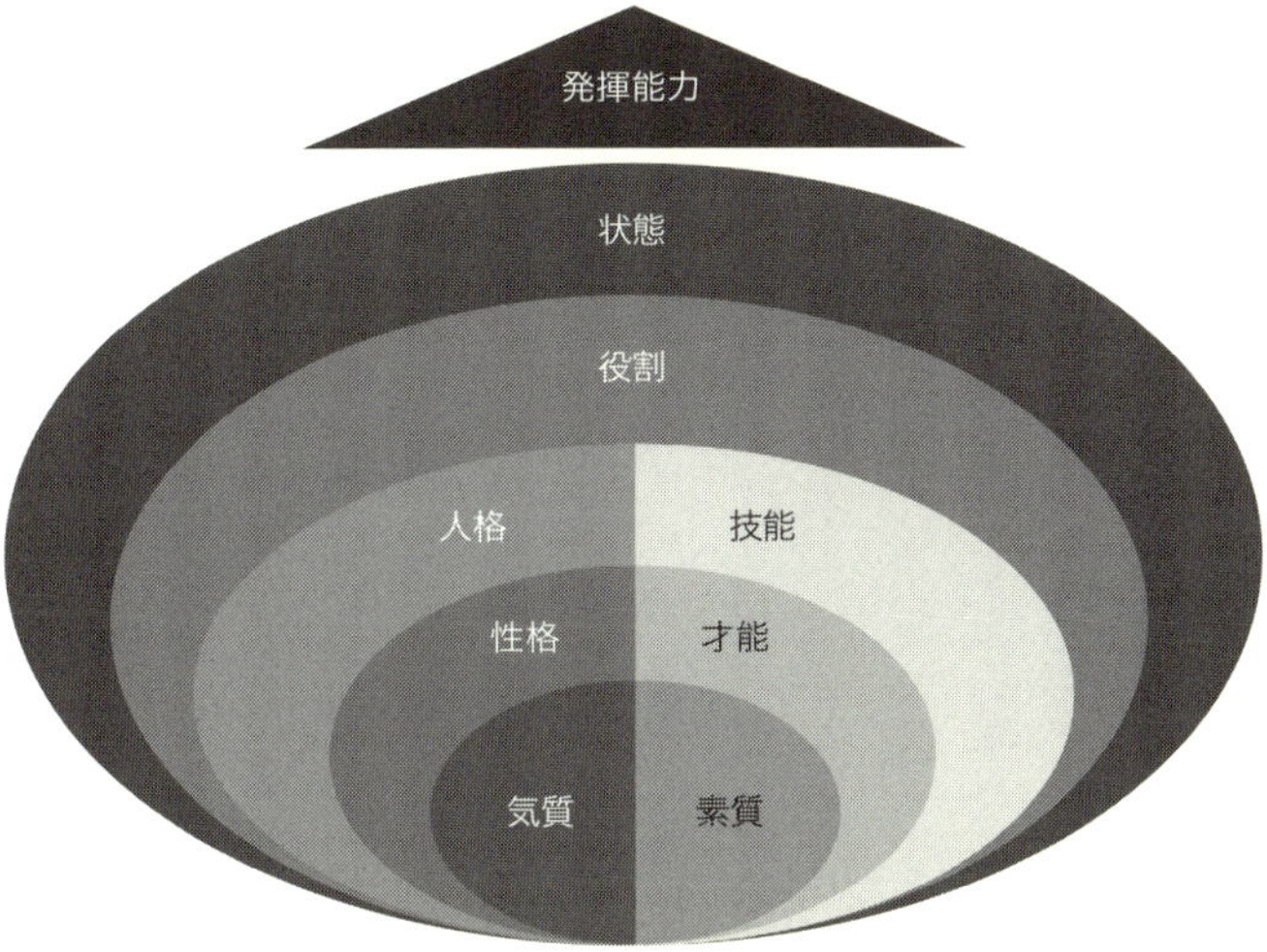

いています。

このように、気質、性格、人格、役割、欲求といったものがそれぞれ同時に絡み合って、その結果としてどこかに焦点が当たります。そして、様々な選択肢がある中で一つを選択して行動を決めているのです。

人を分析するときは、私はこのように人柄や行動を見ます。そうすることで、アプローチする方法のヒントが見えてきます。一番の効果は、人を一面的に判断しなくなることです。とかく日本では「その人の性格」と結論づけて、仕方がない、変わらないと思われがちです。人は変わることができる、アプローチも幾通りもある、という認識をもつことで教育や育成を簡単に諦めることはなくなります。

能力と人格と動機づけ

さて、ここで再度コミュニケーション力の問題を取り上げたいと思います。コミュニケーションというのは、セルフコミュニケーションという自分自身の対話以外であれば、相手がいて成り立つものです。なにが言いたいかと言いますと、先ほど述べた役割や状態というものがコミュニケーションにも作用します。つまり、個人の能力の問題だけではないということです。菊池学級の取り組みをすでに学ばれている方ならもうお気付きかと思います。関係性ができていない状態であれば簡単な自己紹介もできなくなってしまう。これは自己紹介をする能力がないのではなく、その集団の中では、その能力すら発揮できなくなってしまうということです。実はこの事実がとても重要なことで、人間関係や組織の悩みの多くは、この関係性がどうなっているかに焦点を当てずに解決策を講じるがために、結果が出ずに解決しないか、もしくは一時的には解決するがまた同じ問題が起きてしまうのです。

関係性に焦点を当てるチームビルディング

自己紹介でチームビルディングを中心とした組織開発をしているとお伝えしました。定義は様々ですが、一言で説明するならば、チームビルディングとは、チームメンバーが共通の思いや目的を成し遂げるために発揮する力を最大限にするために、チーム状態を高めていく取り組みのことです。スポーツ界では当然のことながらチームビルディングは取り入れられています。団体球技では特にチームができているかどうかが、チームのパフォーマンスにとても大きな影響を与えるということを皆さんもご存知かと思います。極端な話をすれば、例えどれだけ個々の能力が高い選手を集めてきたとしても、全員が喧嘩し合っていたり、けん制し合ったりしていてはいいチームプレーは起きません。個々の能力×個々の状態×チームの関係性（チーム状態）＝チームの発揮能力なのです。そして、菊池先生の学級経営もまさしくチームビルディングをしていると捉えています。

そこで、ここではチームビルディングの観点から菊池学級を分析して、学級経営の成功ポイントについて考えていきたいと思います。ただし、チームビルディングと一括りで言っていますが、学級経営が先生によってやり方が異なるように、チームビルディングもファシリテーターによって手法や基となる理論が異なります。私は一般社団法人日本チームビルディング協会の考えや手法を基に実践していますので、その点をご理解ください。

まず、簡単にチームビルディングというものについて理解してもらうために、重要なポイントを4つ説明します。

（1）チームとは、共通のビジョンを成し遂げるために集まっている集合体である。
（2）チームは、チーム状態によってチーム全体で発揮できる能力、結果が異なる。
（3）チームは成長するものであり、その成長には4つの段階がある。

最後は、私たちの独自理論ですが、最も重要なポイントです。

(4) チーム状態によって、起きている現象と本当の問題要因(真因)が異なり、そのチームの状態に合ったチーム成長のプロセスがある。

では、ここから4つのポイントの内容と、菊池学級ではどうなのかについて一緒に考えてみたいと思います。

菊池学級はクラスをチームにしている

(1) チームとは、共通のビジョンを成し遂げるために集まっている集合体である。

ただの集団とチームの違いは何か。それは共通のビジョン・目的・目標があるかどうかです。逆に言えば、共通のビジョン・目的・目標がないとチームではないということです。では、学級はチームでしょうか。英語表記ではclassが一般的であり、また教育行政の経済的事情から学級という集団が生まれた歴史的背景から考えると、学級はそもそもチームという認識ではないと思います。でもどうでしょう、学級がチームになることもありえます。学級対抗の球技大会やレクリエーション、スポーツ大会、合唱コンクール等ではどうでしょうか。おそらく試合やコンクール等の競争に勝つという共通の目標が生まれて、チームとなるのではないでしょうか。

では、菊池学級はどうでしょうか。「あたたかい話し合いを大切にする34人の学級」「『成長しているね』『ありがとう』と言われる34人の学級」という共通の目標が掲げられています。今までの学級の状態がどうであれ、一度リセットをして、学級全員の共通目標を掲げて共有する。この瞬間からチームとしての学級が産声をあげます。「Bの道ではなくAの道へ行こう、SAを目指そう」「34人皆で卒業しよう」など児童が共通ビジョンを共有する時間を多くとることによって常にチーム意識を保つ授業をされています。チームとして互いの成長を助け合い、一人で学ぶよりもクラスメイトと学ぶ方が学習効果も高まります。それが授業中や休み時間にクラスメイト同士で勉強を教え合っている姿に反映されているのです。

共通の目標を掲げただけでは結果が出るとは限らない

(2) チームは、チーム状態によってチーム全体で発揮できる能力、結果が異なる。

共通の目標を掲げることで集団がチームになる。確かにそうなのですが、実は、共通の目標を掲げるだけでは結束力の強いチームになりません。NHK「プロフェッショナル　仕事の流儀」で菊池先生の取り組みをご覧になった方も多いと思いますが、あの番組の中で言えば、運動会の応援ダンスのシーンなどはまさしくチーム状態が乱れていた様子が分かりやすかったかと思います。先述したように、競技や大会などは最初から「他のチームに勝つ」という単純な共通ビジョンが存在します。だからチームになりやすいのですが、番組のダンス合戦のシーンでは菊池学級が属する組はチームがしっかり形成されていませんでした。

要約して説明すると、菊池先生が担任をされていた6年1組が他学年と学年混合で赤組として運動会に臨むのですが、その運動会の目玉の一つ、応援合戦で菊池先生は生徒たちに創作ダンスをやろうと投げかけます。そこで、まずは応援団長を有志より募り、多数決で決めました。ところが、立候補した4人のうちの一人が団長に選ばれなかったこと、その後に決めた旗係などの主要メンバーにどれ一つとして選ばれなかったことから、やる気を失いふざけ始め、練習の進行を妨げる存在になってしまいます。それを見据えた菊池先生からのアドバイスで団長が彼をダンスリーダーに任命し、そこから残り少ない日数で本気になって練習しましたが、ダンスの精度を上げることには間に合わず、悔しい結果に終わってしまう、というストーリーです。

応援団としては、創作ダンスをつくる、皆で踊りきる、優勝する、というような共通の目標がありながら前に進まなかったわけです。それはチームの目的と個々人の目的が異なっていたからです。チームとしての共通目標を掲げたとしても、それにチームメンバーが賛同できなければ、目標は効力をもちません。学級経営で言えば、学級目標を立てたとしても、そこに子どもが賛同しなければ、共感しなければ、その目標を共有しているとは言えないということです。

先ほどの応援団のダンスチームの話も、前進したのは、A君にダンスリーダーを任せるようになってからです。ダンスリーダーを任されたことでA君の態度が変わるわけですが、このことは、ほめ言葉のシャワーと同様な効果があったと捉えています。先述した人柄で説明すれば、ダンスリーダーという「役割」を得て、別の「人格」が表に出てきたのです。

「投げかけるだけではなく待つこと、応えることも大切」

(3) チームは成長するものであり、その成長には4つの段階がある。

菊池学級では、学級目標を掲げたり、ほめ言葉のシャワーを取り入れたり、白い黒板を書いたりと様々な取り組みをしていきますが、どのタイミングでどの取り組みをするのか、どの瞬間に誰にアプローチをかけるのか、この点を敏感に察知して即興で進められているように感じます。これこそが菊池学級の凄さの本質ではないかと思っています。そして、まさしく私が実践しているチームビルディングととても連動しているのです。

チームビルディングの考えでは、「チームは成長するものである」という考えが大前提にあります。これがチームビルディングの最大の特徴であり、チームビルディングを学び実践する上で一番重要な考えです。個々人に対して、教育指導をすれば成長するという考えはお持ちだと思います。一方で、チームビルディングでは、チーム全体が成長することで個々人がそれに引っ張られて成長するという考えを持ちます。もちろん、個々人が成長してチームが成長することもありますし、個人がやる気を失うことでチームの状態が悪くなるということもあります。つまり、個々人の成長や状態と、チームの成長や状態は相互に影響をし合っているということです。

では、このチームの成長について、チームビルディングの基礎的な理論を説明します。チームの成長は段階があります。それは4つの段階で、形成期→混乱期→標準期→達成期というものです。すべてのチームは、形成期から始まりますが、必ずしもすべてのチームが達成期まで成長するわけではありません。むしろほとんどのチームが成長段階の途中で停滞してしまっているのです。また、停滞だけではなく後退も起こるのがチーム成長の特徴と言えます。

形成期はその名の通り、形成された状態を意味します。新学年で新しいクラスになった生徒たちはどうなるでしょうか。おそらく、様子見をすると思います。このことは、生徒と教師でも同じです。生徒は教師に対して様子を見ます。様子見をしている状態ですから、一般的な特徴としては、本音と建て前を使い分けて、個性を抑えて、どれだけ自分を主張していいのかを探ります。そして周囲の出方を伺います。大方、立場や役割のある人がその場を仕切っていきます。

混乱期になると、それぞれが個々の考えを持ちその主張をし始めます。ただし、この段階では個々人の主張や個性がぶつかり合っている状態です。すると意見が通りやすい者とそうでない者などの関係性が生まれてきます。中には、別の意見をもっていて納得はしていないけれども、表だっては言わず心の中で反対している者もいるでしょう。

世の中のほとんどのチームが、以上2つの形成期と混乱期の状態にあると私たちは見ています。形成期か混乱期でずっと止まっているか、または混乱期から形成期に後退するか、二つの成長段階を行き来している状態かです。このことは、学級よりも職員室を思い浮かべていただいた方が分かりやすいかもしれません。本音と建て前の話し合いばかりで個人の意見を言わない状態か、互いに主張はするがぶつかるだけで先に進まない状態になっていないでしょうか。

ちなみに、混乱期が一定期間続くと、その中で生まれるのは諦め、または恐怖です。学級崩壊はまさしくこの状態と言えるでしょう。

標準期は、混乱期から脱してそれぞれの主張や個性を受け容れることができている状態です。協調や承認、協力が生まれています。この段階になって初めて皆の個性が発揮されて、チームとして力が出せるのです。学級経営で言えば、この段階にきていいクラスになっていると言えるでしょう。

達成期は、標準期を越えた結束力や信頼関係で結ばれており、誰もがその場その場でリーダーシップを発揮できる状態です。この段階まで来ると、自分たちのチームに相当な自信をもち、どのような困難だってこのチームで乗り越えていけるのだというような意識が芽生えます。メンバーの個性が相乗効果を起こし、一般的に考えられるより高いパフォーマンスを生み出します。

チームの4つの成長段階を説明しましたが、先述したように、放っておいてすべてのチームが成長していくわけではありません。稀に自力で成長していくチームも存在しますが、そうでない場合は、チームビルディングを意図的に行うファシリテーターの存在がとても重要になってきます。学級経営で言えば、まさしく教師がファシリテーターであり、学級をチームにしてその成長を促していく立場にあります。

そして、ファシリテーターがそれぞれの成長段階に合わせた関わり、介入をすることでチームが成長していく助けをすることができますし、タイミングを見誤ると成長促進を阻害することにもなります。

学級経営に例えると、新学年の4月にまだ生徒同士の関係性もできていないのに、学級の目指す方向性を決めたり、ディスカッションの授業を始めたりしても、思ったように進まないと思います。やはり、段階にあった授業の取り組みが必要だということです。菊池学級ではこの段階にあった取り組みの要素がすべてそろっているから、素晴らしい学級経営ができているのだと思っています。

ほめ言葉のシャワーがあるから他の取り組みができるわけ

（4）そのチームの状態に合ったチーム成長のプロセスがある。

先述したように、ほとんどのチームが形成期と混乱期で停滞しているということは、形成期から混乱期への成長は容易であるということです。

ただし、混乱期は基本的に対立があり、場合によっては諦めや恐怖が伴いますから、その状態にいることがストレスを生みます。だから、多くが形成期に戻るわけです。では、どうしたら混乱期を乗り越えられるのでしょうか。それは形成期をいかに過ごすかで決まってきます。

形成期において大事なことは、「チーム意識を持つこと」、「全員が意見を言える安全な場をつくること」、「全員が存在を認められていること」、「共通のビジョンを明確化して共有すること」です。この4点を形成期の段階でチームにもたせておかないと、混乱期を乗り越えることができません。

菊池学級では、まさしくこの4点が学級経営の中でしっかりと作り上げられています。先ほどもお伝えしました、「あたたかい話し合いを大切にする34人の学級」、「『成長しているね』『ありがとう』

と言われる34人の学級」のような共通の学級目標や、「34人全員がBではなくAの道に進もう」などの価値語等で「チーム意識」を育み、「共通のビジョンを明確化」して共有しています。成長ノートやほめ言葉のシャワー、係活動、似顔絵カード、教師によるほめ言葉等で「全員が存在を認められている」状態をつくり、ほめ言葉のシャワーの発表、質問タイムや、「人と意見を区別する」などの価値語で「全員が意見を言える安全な場」をつくりだしています。

これらの土台があるからこそ、ペア学習、グループ学習、ディベートの授業が成り立つのだと思っています。さらに菊池学級で重視されているディベートは、客観的な正解がある「絶対解」に対する討論だけではなく、主観的な判断基準で決まる「納得解」をテーマにした討論もしています。この「納得解」に関しては、必然的に自分なりの意見を主張しなくてはいけませんし、相手の意見も聴いて理解しないと反論ができません。このディベートでのコミュニケーション学習が、混乱期の主張・個性のぶつかり合いを、主張・個性のすり合わせに変えているのだと思います。

アクティブ・ラーニングはチームビルディングができていないと機能しない

ここまで述べてきたように、菊池学級は、必要な要素を必要なタイミングで取り組みとして実践しているから、あのような学級経営ができるのです。あのような、と申しましたが、菊池学級での取り組みこそが、今まさに文科省が推進しようとしているアクティブ・ラーニングそのものだと捉えています。アクティブ・ラーニングを導入しようという取り組みは、全国の小学校から大学までの教育機関で広がりを見せています。しかし、私が冒頭で述べた大学生の実情を思い出してください。

アクティブ・ラーニングとしてのグループ学習は、能動的に学ばせようとする手段、手法でありますが、これは生徒や学生に対して個のアプローチをしていては、出来る子は出来るが、出来ない子は出来ないという格差を生んでしまいます。その理由は、チームビルディングについての説明でお伝えした通りですが、言いたいことを言えない、主張できない、話を聴けない、他者を理解しようとしない、そのようなグループでは、仮に討議は出来たとしても、討論や対話はできません。対話がなければそこから新しい考えやアイデアは生まれてきません。自分たちで発見するからこそ、気づきとなり学びが深まるわけですから、形成期や混乱期にいるメンバーではグループ学習は真の効果を発揮しないのです。

これらのことを説明するときに、私たちは「やり方」と「あり方」という言葉を使います。「やり方」は手段や技法、術、手順、ルールなどを表し、「あり方」は価値観、本気度、目的意識、ビジョン、関係性などを表します。そして、チームの成長段階が進んでいない場合は、いくら「やり方」にアプローチをしても高い効果は発揮されません。そのことは何度も説明している通りです。

ですから、アクティブ・ラーニングの効果を得たいのであれば、アクティブラーニングの技法や授業術を授業に取り入れるのではなく、まずはその技法や術を取り入れられる土壌をつくる必要があるのです。

もう一つまったく同じ原理で大切なことがあります。それは教師の生徒に対する関わり方です。これも「やり方」と「あり方」で説明することができます。問題のある生徒に対して、最初から「やり方」でアプローチをするとどうなるでしょうか。注意指導をする、ルールを決める、罰則を与える、説教の仕方を変える。このようなことをして生徒の問題行動が果たして解決するでしょうか。では、「あり方」からアプローチをするとどうなるでしょうか。生徒との信頼関係を築いていく、問題行動を無くすことではなく内から変容することを目的にする、必ず変容すると信じる、絶対見捨てないと決意する。お気づきと思いますが、菊池先生がされていることは、「あり方」からのアプローチではないでしょうか。つまり、最初に考えるべきことは、授業法や指導法でもなく、学級経営術や学習指導術でもなく、まずは授業観や教育観というものにしっかりとした軸を持ち、確立することだと思います。

私のこれからの取り組みと挑戦　～学校教育を越えた菊池流教育の活用～

私が菊池学級から学んだことでこれから取り組みたいことは3つあります。一つは、菊池流学級経営を学校教育の場にもっと取り入れてもらうことです。これは小学生の息子を持つ一父親として純粋に思うことでもあります。仕事にしても就職にしても、人との関わり方は、自信と主体性をもっているかで、どのように関わるかが大きく変わってくるということです。これは自己認識が違うからです。物事に取り組むときに、その結果に対して自信があるときと、全く自信がないときでは取り組む姿勢や周囲への接し方が変わってきます。根本的に自信があるかないかで、人生のすべてのシーンでの取り組みの姿勢と周囲への接し方が変わるわけです。そして、その自信を学校教育の場で身に付けることができるとしたらどうでしょうか。そのような教育が広まってほしいと願うのは決して私だけではないと思います。

二つ目に、日本のキャリア教育やキャリア支援の中にしっかりとした軸を持った教育観や指導観を根付かせることです。キャリア教育という言葉は広まっていますが、いまだに、職業選択、勤労意識の向上、仕事情報の収集、就職選考の対策支援という4つの領域が点でバラバラに実施されているような気がしてなりません。「一身独立して一国独立す」と福沢諭吉翁が説いていますが、国・地域が成り立ち続けるには、個人が自立するだけではなく、自律する必要があると考えています。現状のキャリア教育は経済的に自立するための取り組みをしているかもしれませんが、個々人が公の社会で生きている人生の主人公として自律するための取り組みがどれだけできているかと問えば、とても充分とは言えません。ここでも同様に、自信と主体性をもてる人材育成がテーマになってきます。

三つ目に、従業員教育の中に菊池流教育の要素を取り入れて普及したいということです。昨今の高等教育の動きの中で「産業界ニーズに合った人材育成」という言葉が使われます。取り組みは良いと思いますが、このことも自立するためだけの教育にならないだろうかという疑問が拭えません。この取り組みの前提条件は、産業界ニーズに合った人材=社会に適合しながら人生の主人公として生きぬいていける人、であることです。この考えを持つには、企業が、従業員は企業の利益を効率的に生み出すために存在する、というような考えではなく、従業員は個々人の幸せを追求すべきであり、会社はその一舞台である、というような考えを持たなくては難しいものです。

実際に、「日本でいちばん大切にしたい会社大賞」や「人を大切にする経営学会」、「ホワイト企業大賞」に代表されるように、最近は従業員満足として仕事だけの満足ではなく、仕事とプライベート、とりわけ家族との関係や家庭生活の充実に焦点を当てた取り組みをしている企業が注目されてきています。

さらに、そのような企業は、従業員の人格教育にも熱心です。例えば、人間学を学ぶ月刊誌『致知』を従業員全員で読み合わせをして感想を述べ合う木鶏会という勉強会を開いたり、先ほど紹介しました『7つの習慣®』の社内勉強会をしたり、障がいのある方々との触れ合いを通じて人間性を高める研修をしたり、毎日朝礼に1時間を割いて互いを承認し合う取り組みをしたりしています。

このような企業は、当然ながら従業員満足が高く、離職も低く、定着が良いのですが、結果的には、従業員同士の関係性も良くなり意識も高くなり、顧客満足が高くなり、業績も良くなるという好循環を生み出しています。

一方で、多くの企業や組織はこの逆の循環を作りだしているのが実情だと思います。従業員の人格教育や満足度向上の取り組みが不十分か、取り組んでも効果が出ない。そのため、不満が募り、離職率が高くなる。チームが成長せずに協力体制がとれず、思った以上の結果が出せない。結果として顧客満足度や業績も伸び悩むという負の連鎖を生み出してしまいます。

そういう企業や組織は、往々にしてその状況や課題を「あり方」ではなく「やり方」のアプローチで解決しようと取り組みを行います。ところが、それでは対処療法的な取り組みとなり根本的な課題解決がなされません。

そのために、私たちのようなチームビルディングの専門家がいるのですが、悪循環に陥っている組織はさらに困ったことに研修時間すら取れない状況に陥っていることが少なくありません。そこで、私がしたいことが「ほめ言葉のシャワー」社会人版です。朝礼時間を使っての「ほめ言葉のシャワー」や、遠隔地でもできる「ほめ言葉のシャワー」の仕組みを作りたいと考えています。

菊池学級の小学生たちにできて大人にできないことはないはずです。大人社会からも組織崩壊やいじめ、嫌がらせを無くして、働きやすい職場を増やしていきます。そうすれば結果として組織も輝き業績も上がり、そのような人々や組織が増えれば、人が輝く社会ができあがっていくと思います。

「一人を見捨てない教育」という菊池流教育を実践し広めることで、これからも人生と組織、社会を輝かせる人財共育をしていきたいと考えています。

（注）「日本でいちばん大切にしたい会社大賞」とは、売上・利益・業績等の財務状況、従業員満足・離職率・労働災害の有無等の雇用環境、障がい者雇用等の社会貢献を総合的に評価する表彰制度です。最高位は経済産業大臣賞であり、経済産業省が後援をしています。

（注）「人を大切にする経営学会」とは、今までの経営が利益追求を第一に考えていたため、社員にかけるお金をコストと捉えられてきた風潮に対して、経営の目的には社員とその家族、取引会社の社員とその家族、お客様、地域住民、株主たちの幸せを追求することが入ると考えて経営を研究している学会。

（注）「ホワイト企業大賞」とは、社員の幸せと働きがい、社会への貢献を大切にしている企業を評価する表彰制度です。

おわりに

本著を書いている時に、20数年前の教え子たちから、当時の写真をアップしたFacebookに、次のようなメッセージが届きました。教師冥利に尽きる言葉が、そこにはありました。

「先生の教え子であることが私の最大の誇りです。そんな教え子がたくさん……でしょうね。あの時の全ての事実が私の今です」

「先生がいつまでも飛び上がれるように、影ながら応援しています。きっとたくさんの教え子さんたちは皆同じだと思います。教え子として、先生に負けないように日々前進します。いつまでも私たちの先頭を走ってください」

「先生、凄いですね！　まだまだ前に進む姿、夢をもって突き進む姿、本当に尊敬します。そして、先生の教え子として誇りに思います」

「あれから23年程経ちましたが、あの当時の経験が土台となり、文章を書くことや自分の意見をいうこと、今の私の構成素になったことを本当に感謝しています」

読みながら、「一斉授業」から「話し合いの授業」へ、「教師主導」から「学習者主体」へ、という私の教育観は間違っていなかったと思いました。現場にいた時から変わることがなかった、「教室の事実で証明する」という私の考え方が報われたと思いました。

北九州市という小さな「枠」の中にいた33年間では、時として、教育委員会や一部の管理職との対立もありました。教室で成長する子どもたちの事実を正しく見ることができなくて、私に対して顔も見せずに誹謗中傷する方たちとの対立です。そのような体制への健全な怒りをもって、教室の中で子どもたちと学び続けてきました。そんな中で、子どもたちがあるべき教育の姿を証明してくれたと判断しています。

本著を作るにあたって、塾経営者兼講師・渡瀬将基先生、教育委員会・乾孝治先生、経営コンサルタント・牧野真雄氏、菊池道場徳島支部・堀井悠平先生には、本当にお世話になりました。「一人も見捨てない」教育を、立場の違う方たちから、生まれ育った四国四県の教育者からご提案していただけたことに心から感謝しています。また、このような機会を与えていただいた株式会社中村堂・中村宏隆氏にもお礼を申し上げます。ありがとうございました。全国に広がってきたこの新しい教育の動きを、これからも全国の仲間と共に学び合いながら広げていく覚悟でいます。

本著をきっかけに、「一人も見捨てない教育の実現」の動きがより広がることを願っています。私自身も、「常に自己否定もしながら、進化し続けようとする人」であり続けることをお約束します。

菊池道場　道場長　菊池　省三

●著者紹介

菊池省三（きくち・しょうぞう）

1959年愛媛県生まれ。「菊池道場」道場長。元、福岡県北九州市公立小学校教諭。山口大学教育学部卒業。文部科学省の「『熟議』に基づく教育政策形成の在り方に関する懇談会」委員。

【主な著書】『コミュニケーション力で未来を拓く これからの教育観を語る』、『挑む 私が問うこれからの教育観』、『人間を育てる 菊池道場流 作文の指導』、『「話し合い力」を育てる コミュニケーションゲーム62』（以上、中村堂）、『小学校発！ 一人ひとりが輝く ほめ言葉のシャワー1～3』（以上、日本標準）、「菊池先生の『ことばシャワー』の奇跡 生きる力がつく授業」（講談社）、「学級崩壊立て直し請負人：大人と子どもで取り組む『言葉』教育革命」（新潮社）、他多数。

堀井悠平（ほりい・ゆうへい）

1991年徳島県生まれ。徳島県公立小学校教諭。関西大学人間健康学部卒業。

乾 孝治（いぬい・こうじ）

1972年高知県生まれ。高知県いの町教育委員会研修指導員。岐阜聖徳学園大学教育学部卒業。

渡瀬将基（わたせ・まさき）

1987年香川県生まれ。ファイブスター学習塾経営、塾長兼講師。ネクストベーシック株式会社代表取締役。

牧野真雄（まきの・まさお）

1980年愛知県生まれ。株式会社カイシン代表取締役。徳島大学総合科学部卒業。

一人も見捨てない教育の実現 挑戦！ 四国四県からの発信！

2015年12月1日 第1刷発行

著 者／菊池省三 堀井悠平 乾 孝治 渡瀬将基 牧野真雄
発行者／中村宏隆
発行所／株式会社 中村堂
〒104-0043 東京都中央区湊3-11-7 湊92ビル4F
Tel｜03-5244-9939 Fax｜03-5244-9938
ホームページアドレス｜http://www.nakadoh.com

編集協力・デザイン／東原さつき
印刷・製本／シナノ書籍印刷株式会社

◆定価はカバーに記載してあります。
◆乱丁・落丁の場合はお取り替えいたします。
ISBN978-4-907571-21-4